다른
청소년
교양

2

10대를 위한 재미있는 형법 교과서

서윤호 오혜진 최정호

다른

목차

8 머리말 — 형법의 세계로 떠나는 여행

1장 섬세하고 신중한 형사법을 소개합니다

14 '그놈' 얼굴을 공개하라! — 국민의 알 권리 vs 피의자의 인권

16 "어젯밤 옆집에 도둑이 들었대!" — 형사법의 여러 분야: 형법, 형사소송법, 행형법

18 "저자를 매우 쳐라!" — 법과 진실의 상관관계

20 "그래도… 그 애가 상처받지 않았으면 좋겠어." — 죄형법정주의

22 "지켜야 하니까 법이지." vs "이런 법이 어딨어!" — 법치국가 원리

23 [청소년을 위한 형법 X-파일] 우리 법에 담긴 법치국가 원리와 죄형법정주의

26 범죄자를 어떻게 대해야 할까? — 적법절차의 원리

29 콜라 병에 간장을 넣는다고 해서 간장이 콜라가 될까? — 우리가 형법을 공부해야 하는 이유

32 청소년을 위한 제1회 형법능력평가

2장 까다롭지만 마음씨 좋은 형법

36 넌 드라마 보니? 난 법전 본다! — 법전을 읽는 방법

39 "형법 제250조 제1항에 의거, 사형에 처한다." — 구성요건과 구성요건 해당성

40 "그 자식이 먼저 때렸어. 이건 정당방위라고." — 위법성과 정당화사유

46 "제가 술이 너무 취해서…" — 책임과 면책사유

51 신중하게, 꼭 필요한 만큼만 — 용어보다 중요한 형법의 정신

52 [청소년을 위한 형법 X-파일] 실제 판례로 보는 심신상실과 심신미약

54 **범죄인데 처벌권이 없다?** — 범죄의 처벌조건

57 **범죄인데 소추할 수 없다?** — 범죄의 소추조건

60 **청소년을 위한 제2회 형법능력평가**

3장 레고 블록 같은 범죄의 구성 체계

64 **"백설공주가 독사과를 먹고 멀쩡히 살아남는다면?"** — 기수와 미수

66 **"오늘따라 왜 이렇게 일찍 돌아온 거야!"** — 장애미수

67 **"누더기를 입고 있는 백설공주가 너무 불쌍하더라구."** — 중지미수

68 **"설명서를 대충 읽었더니 그만⋯"** — 불능미수

69 **"내 구두인 줄 알았지. 훔치려던 생각이 아니었어."** — 고의범과 과실범

71 **"이런, 백설공주가 아니었잖아!"** — 착오의 문제

73 **"내가 좀 더 주의했어야 했는데 말이야."** — 과실범과 주의의무 위반

76 **때렸는데 죽어버렸어! 죽이려던 건 아니었는데!** — 고의범과 과실범의 결합: 결과적 가중범

80 **"가만히 있었는데 살인죄라고?"** — 작위범과 부작위범

83 **"여럿이 범죄를 저지른다면?"** — 정범과 공범

90 **청소년을 위한 제3회 형법능력평가**

4장 많아도 너무 많은 범죄를 간단하게 정리하라

94 **많아도 너무 많은 범죄?** — 법익을 통한 초간단 분류법

97 **나의 생명, 신체, 자유, 재산을 보호하기 위한 구성요건** — 개인적 법익에 대한 죄1: 상해죄와 폭행죄

100 [청소년을 위한 형법 X-파일] 폭행의 종류

101 **나의 생명, 신체, 자유, 재산을 보호하기 위한 구성요건** — 개인적 법익에

대한 죄2: 절도죄와 강도죄

104 **[청소년을 위한 형법 X-파일] 절도죄와 죄형법정주의**

108 **사회의 일반적인 법익을 보호하기 위한 범죄** — 방화죄

109 **국가의 존립, 권위, 기능을 보호하기 위한 구성요건** — 공무집행방해죄

111 **태양을 피하는 게 쉬울까? 형법의 망을 피하는 게 쉬울까?** — 비범죄화/범죄화

그리고 경범죄처벌법

113 **[청소년을 위한 형법 X-파일] 구성요건 변화의 예**

114 **청소년을 위한 제4회 형법능력평가**

5장 인터뷰로 살펴본 형사제재

140 **청소년을 위한 제5회 형법능력평가**

6장 형사절차는 어떻게 진행될까

144 **수사물 훨씬 재미있게 보기** — 텔레비전은 가르쳐주지 않는 이야기

145 **수사 → 공판 → 집행/피의자 → 피고인 → 수형자** — 형사절차의 개요

148 **범죄의 혐의가 있다! 누가 어떻게 밝힐 수 있는가?** — 수사 이야기1

150 **[청소년을 위한 형법 X-파일] 체포, 구속, 압수, 수색, 검증이 궁금한가요?**

154 **[청소년을 위한 형법 X-파일] 미란다 원칙**

156 **수사해서 무엇을 하나요?: 수사 이후의 이야기** — 수사 이야기2

158 **법정에서 봅시다!** — 공판준비절차

159 **재판을 시작합니다!** — 모두절차

163 **날카롭고 격렬한 진실 공방** — 사건심리절차

166 **피고인에게 무죄를 선고합니다!** — 판결의 선고

167　**재판은 증거싸움!** — 형사증거법, 증거 제한의 역사

171　**공판으로 모든 것이 끝났다고 생각하지 마라!** — 형사집행과 형사보상

174　**청소년을 위한 제6회 형법능력평가**

7장 국민참여재판과 소년형사절차

178　**시민들의 민주적 참여인가, 아니면 마녀재판인가?** — 국민참여재판

185　**우리도 참여할 수 있다!** — 청소년참여법정

187　**한 번 잘못했다고 내치지는 말아주세요** — 소년사건과 소년보호절차

191　**정식 형사절차를 밟더라도 소년은 다르게 취급해야 한다!** — 소년형사절차

194　**청소년을 위한 제7회 형법능력평가**

196　맺음말 — 더 넓은 법의 세계를 향하여

200　교과연계

202　참고문헌

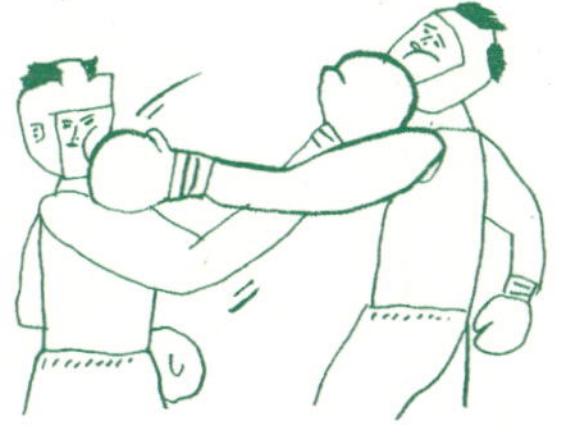

형법의 세계로
떠나는 여행

우리는 법을 까다롭고 복잡한 것으로 생각해서 지레 겁을 먹고 더 이상 법에 대해 알기를 꺼립니다. 더군다나 형법의 세계는 범죄와 형벌이라는 무시무시한 영역을 다루고 있어서 가까이 다가설 엄두를 내지 않지요. 그렇지만 제대로 알고 보면 형법의 세계는 흥미진진한 내용으로 가득 차 있습니다. 이 책은 형법의 세계가 얼마나 흥미로운지 보여주고자 합니다.

우리는 모두 법의 테두리를 벗어나서 살 수 없습니다. 법은 무엇보다 상식이어야 합니다. 국가의 시민이라면 누구나 쉽게 이해할 수 있어야 하고 그에 따라 자신의 삶을 영위할 수 있어야 합니다. 자신이 가진 권리와 의무가 무엇인지, 자신의 권리가 침해당했을 때 어떠한 구제 수단이 있는지 분명히 알 수 있어야 합니다. 학교 교육을 통해 '법과 정치' 과목을 배우는 이유도 결국 시민으로서 알아야 할 이러한 기본 상식을 습득하도록 하기 위한 것입니다. 그러나 실제 법률의 내용은 난해하고 어려워 초보자가 쉽게 이해할 수 없는 문제점이 있습니다. 그렇다고 해서 손을 놓고 막막하게 바라만 보고 있을 수는 없는 일입니다. 적어도 어떤 형태로 법의 세계가 이루어져 있는지 아는 것이

머리말

필요합니다. 법은 합리적이고 체계적으로 구성되어 있어서 기본적인 구조를 알면 더 많은 내용을 쉽게 알 수 있습니다.

이 책은 법의 세계 모두를 설명하지는 않을 것입니다. 여기에서는 '범죄와 형벌'을 둘러싼 형법이라는 영역으로 범위를 국한하여 형법의 세계가 어떤 방식으로 구성되어 있으며, 또 어떤 방식으로 운영되고 있는지를 살펴보고자 합니다. 또 청소년들이 형법의 세계에 대해 가지고 있는 생각들, 예를 들어 '복잡하고 까다로운 무엇'이라거나, '어렵고 딱딱하고 항상 두려운 것', '범죄 드라마 같이 흥미진진한 것'과 같은 다양한 인상과 느낌을 전제로 형법의 세계를 제대로 이해할 수 있도록 안내하고자 합니다. 형법의 세계를 이해하면 이것을 기초로 하여 점차 다른 법의 영역에 대해서도 관심을 가질 수 있을 것입니다.

전문적인 법률 용어가 많이 나와서 처음에는 그 내용을 쉽게 이해할 수 없을지도 모릅니다. 하지만 충분한 설명을 통해 누구나 어렵지 않게 그 내용을 이해할 수 있도록 했으며, 무엇보다 누구라도 형사법의 전체 구도를 눈앞에 그릴 수 있도록 노력했습니다. 이러한 작업은 쉬운 일이 아니었습니다. 또한 이 책은 무엇보다 형법에 대해 균형 감각을 잃지 않고 서술하고자 했습니다. 이를 위해서는 '죄형법정주의'라고 하는 형사법의 기본 원칙을 확실히 하는 것이 필요했습니다. 또 범죄와 형벌, 그리고 형사 절차에 대해 알기 쉬우면서도 체계적으로 설명하는 것이 필요하며, 그와 동시에 시간의 흐름에 따라 변해가는 형법의 모습도 균형 있게 설명을 해야 했습니다.

형법에 대해 전혀 알지 못하는 청소년을 대상으로 설명을 해야 하기 때문에 처음에는 어려운 점이 많았지만, 대학원에서 법학을 공부하고 있는 젊은 두 분의 적극적인 참여 덕분에 청소년을 위한 젊은 감각과 관점을 유지할 수 있었습니다. 저자들은 한 학기 동안 매 주말마다 빠짐없이 청소년을 위한 형사법을 가지고 즐거운 토론을 진행했습니다. 우리 세 사람이 즐겁게 형사법에 대해 토론을 했던 것처럼 이 글을 읽는 여러분도 흥미롭고 즐거운 마음으로 형법의 세계에 발을 들여 놓았으면 합니다. 자, 그럼 지금부터 형법의 세계로 떠나는 여행을 시작해볼까요!

[12]

1.

섬세하고
신중한
형사법을
소개합니다

‘그놈’ 얼굴을 공개하라!
국민의 알 권리 VS 피의자의 인권

2004년, 전 국민을 경악케 했던 연쇄살인범 유영철. 하지만 그의 얼굴을 떠올리려 해도 떠오르질 않습니다. 당연한 일이지요. 경찰과 함께 현장 검증에 나온 유영철의 모습은 푹 눌러쓴 모자와 얼굴을 덮는 마스크로 기억될 뿐입니다. 많은 사람들이 유영철과 같은 흉악범들의 얼굴을 공개하라고 목소리를 높였지만, **‘피의자의 인격 보호’**를 이유로 얼굴을 공개해서는 안 된다는 주장도 있었습니다.

2009년, ‘강호순 사건’ 때는 상황이 달랐습니다. 추가 범죄를 우려하며 A신문사를 중심으로 주요 언론 매체들이 강호순의 얼굴 사진을 1면에 전격 공개했습니다. **‘사회적 안전망 확보’**와 **‘공익 보호’**가 이들 매체가 내세운 주요 취지였지요. 너무한 것 같다고요? 물론 그와 다른 의견도 있었습니다. B신문사 같은 매체들은 피의자가 이미 구속된 만큼 추가 범죄의 우려가 없고, 선정적인 보도 이외에 공익적인 목적이 뚜렷하지 않으며, 강 씨의 가족들처럼 살인 사건과 관계없는 제2의 피해자가 발생할 수 있다는 이유로 강호순의 실명과 얼굴을 공개하지 않았지요.

　　최근 들어 흉악 범죄에 대한 관심이 높아지면서 흉악범에 관한 법 규정을 새롭게 논의해야 한다는 목소리가 높아지고 있습니다. 연쇄 살인범의 얼굴 공개, 아동 성폭력 범죄자들에 대한 전자 발찌 착용 강제 등이 그 대표적인 예라고 할 수 있습니다. 하지만 경찰이 유영철의 얼굴을 가리고 수갑 찬 손을 수건으로 묶었던 것은 형사법의 기본 정신과 관련되어 있기 때문입니다. 정식 판결을 받기도 전에 범죄자로 낙인찍힌다면 무척 억울하겠지요? 이는 인권이 침해될 뿐 아니라 진실을 밝히는 데도 방해가 될 것입니다.

　　여러분 생각은 어떤가요? 범죄자의 얼굴을 공개해야 할까요? 반인륜적 흉악 범죄가 보도될 때마다 국민의 알 권리와 피의자의 인권을 둘러싸고 팽팽하게 논쟁이 벌어지고 있습니다.

　　경찰에서 수사를 마치면 검사의 기소에 의해 법원으로 사건이 넘어갑니다. 법원에서 판사의 판결을 받아 유죄가 확정되어야만 비로소

범인이라고 할 수 있습니다. 법원에 의해 유죄의 판결을 확정받기 전까지는 피고인을 무죄로 추정하는데, 법에서는 이것을 '**무죄추정의 원칙**'이라고 합니다.

"어젯밤 옆집에 도둑이 들었대!"
형사법의 여러 분야: 형법, 형사소송법, 행형법

형법에서는 도둑을 '절도'라는 이름의 범죄로 규정하고 있습니다. 그리고 절도를 '6년 이하의 징역 또는 1천만 원 이하의 벌금'으로 처벌하도록 하고 있습니다. 이렇게 '무엇이 범죄인지', '그 범죄를 저질렀을 때 어떤 처벌을 받는지'를 규정한 법이 **형법**입니다.

옆집을 턴 범인이 근처에 사는 강철수라는 제보가 들어왔습니다. 그렇다면 먼저 강철수가 정말로 도둑질을 했는지 확인부터 해야겠죠?

강철수가 유력한 용의자인 것은 분명합니다. 하지만 그것이 진실일까요? 옆집에 들어가긴 했지만 도둑질을 하지 않고 나왔다면요? 검사는 신중하게 범죄의 증거를 수집합니다. 법정에서 검사와 강철수가 각각 주장을 펼칩니다. 강철수는 검사에 비해 법률 지식이 부족하니 변호인의 도움을 받습니다. 법원은 강철수가 절도를 저질렀는지의 여부

10대를 위한 재미있는 형법 교과서

1. 목격자의 이야기를 들어본다.　　　2. 강철수의 이야기를 들어본다.

를 판단해서 유죄 또는 무죄 판결을 내립니다. 유죄일 경우에는 '6년 이하의 징역 또는 1천만 원 이하의 벌금'을 부과하겠지요. 이렇게 어떤 사건이 발생했을 때 그에 관한 형법을 실행하는 절차를 규정한 법을 **형사소송법**이라고 합니다.

강철수가 유죄라면, 강철수는 6년 이하의 징역을 살거나 1천만 원 이하의 벌금을 납부해야 합니다. 이처럼 확정된 형벌의 구체적인 집행방법에 관한 부분을 규정한 법을 **행형법** 또는 **형집행법**이라고 부릅니다.

어렵다고요? 표로 정리해 볼까요?

형법	범죄: 절도 형사제재: 6년 이하의 징역 / 1천만 원 이하의 벌금
형사소송법	혐의 → 수사 → 공판

유죄라면…	무죄라면…
⇩	⇩

행형법	형사보상법
징역형: 형의 개시부터 종료까지 복역 벌금형: 납부	형사보상 및 명예회복

형법, 형사소송법, 행형법 등 형사 사건과 관련된 여러 법 분야를 포괄해서 **형사법**이라고 부릅니다. 형법, 형사소송법, 행형법 등은 형사법의 세계에서 중요한 역할을 합니다.

"저자를 매우 쳐라!"
법과 진실의 상관관계

텔레비전에서 사극을 보다 보면 종종 원님(사또)이 재판하는 장면을 볼 수 있습니다. 원님은 기분이 나쁘면 '무엄하다!'라고 하며 '저자를 매우 쳐라!'라는 말을 남발합니다. 당시에는 곤장을 때리는 것이 형

10대를 위한 재미있는 형법 교과서

벌의 한 종류였습니다. 이를 태형이라고 불렀지요. 우리는 '형벌'이라는 말에서 '형법'을 떠올려야 합니다. 앞에서 형법은 '무엇이 범죄인지', '그 범죄를 저질렀을 때 어떤 처벌을 받는지'를 규정한 법이라고 했습니다. 그런데 사또의 행동을 보면 어떤 행동이 범죄이고, 또 그 범죄를 저지르면 곤장을 몇 대 치겠다고 미리 정해 놓지 않은 느낌이 듭니다. 만약 '무엄한 자는 처벌을 받는다'는 것이 법전에 규정되어 있다고 하더라도 '무엄함(무례함)'은 그 뜻이 명확하지 않아서 무엇을 금지하는지도 알 수 없고 처벌을 받는다고 해도 어떤 처벌을 어느 정도로 받을지가 막연합니다. 만약 우리가 이런 상황에 있다면 하루도 마음 편할 날이 없을 겁니다. 사또가 지나가는 모습만 봐도 오금이 저리지 않겠어요?

군이 옛날로 돌아가지 않아도 됩니다. 학교에서 친구들에게 도둑으로 몰리거나, 친구가 그런 의심을 받는 것을 경험한 적이 있을 겁니다. 틀림없이 범인인 것 같았던 친구가 범인이 아니라는 사실을 뒤늦게 알게 된 경우도 있을 겁니다. 하지만 이런 일을 겪어봤다고 해도, 훗날 누군가가 의심을 받게 되는 상황이 오면 그 친구를 믿지 못하고 의심을 하며 바라보게 됩니다. 의심만 하면 그나마 다행이지요. 친구를 다그치며 죄를 자백하라고 강요하기도 합니다. 범인으로 몰린 친구는 친구들의 강요를 견디다 못해 잘못이 없는데도 잘못했다고 인정합니다. 자, 이럴 경우 우리는 과연 그렇게 찾으려던 진실을 찾은 걸까요?

"그래도···
그 애가 상처받지 않았으면 좋겠어."
죄형법정주의

범죄를 저질렀다는 의심이 들 때 우리는 어떻게 진실을 밝혀야 할까요? 사람들은 이 문제를 놓고 오랫동안 고심했습니다.

이 말을 조금 냉정한 말투로 이야기 해볼까요? "법률에 규정된 내용 이상으로 과도한 처벌을 받지 않도록 도와줄 합리적인 장치. 그 장치가 우리의 자유를 제대로 보장해 줄 것이다."

먼저 18세기 프랑스 이야기부터 해야겠습니다. 1789년 프랑스혁명 이전에는 성문(글이나 문서)의 법률 없이도 시민을 마음대로 처벌할 수 있었습니다. 그 당시에는 범죄와 형벌은 반드시 성문의 근거를 필

10대를 위한 재미있는 형법 교과서

요로 한다는 생각이 일반적이지 않았기 때문입니다. 물론 형법이 사회의 안전과 질서를 유지하는 기능을 하기 위해 성문의 법률이 필수적인 것은 아닙니다. 법률의 규정이 있어야만 처벌할 수 있다면, 새로운 유형의 범죄가 나타났을 때 대응하기 곤란해질 것입니다. 그런 면에서 법률의 규정이 없어도 처벌할 수 있다는 것은 나름의 장점을 갖고 있습니다. 그러나 이러한 방식은 매우 치명적인 단점을 갖고 있습니다. 프랑스혁명 이전에 범죄자에 대한 처벌은 절대국가의 자의적 횡포에서 자유롭지 못했습니다. 과거 우리나라의 '원님 재판'을 떠올리면 쉽게 이해가 될 겁니다. 시민들은 자신이 언제 어떠한 행위로 어떻게 처벌될지 알 수 없었고, 그 결과 시민의 자유와 권리는 대단히 불안정했습니다. 형법이 정치적 보복 수단으로 남용되기도 했습니다. 이에 대한 시민사회의 반발이 '프랑스혁명'을 낳았다고 할 수 있습니다.

시민혁명 결과 '인권선언'이 발표되었습니다. 인권선언 제8조에는 다음과 같은 내용이 있습니다.

"법률은 필요한 형벌만을 규정해야 하며, 아무도 범행 이전에 제정 공포된 적법한 법률에 의하지 않고는 처벌되지 아니한다."

이것이 바로 형법의 기본원리인 **죄형법정주의★**의 첫 모습입니다.

프랑스혁명 이후 미국이나 다른 여러 나라에서도 이와 비슷한 규정을 만들어 시민의 자유와 권리를 보장하려고 노력했습니다. 근대에 이르러서야 비로소 시

★ **형법 상식-죄형법정주의**
'법률 없으면 범죄 없고 형벌도 없다'는 근대 형법의 기본원리를 말합니다. 어떤 행위가 범죄로 되고 그 범죄에 대하여 어떤 처벌을 할 것인가는 미리 성문의 법률에 규정되어 있어야 한다는 원칙입니다.

1장 : 섬세하고 신중한 형사법을 소개합니다

민의 자유와 권리를 보장하기 위해 국가 형벌권의 개입을 자제해야 한다는 원칙이 만들어진 것입니다. 그리하여 오늘날 모든 국가는 국가 형벌권의 발동을 법률로써 제한하는 방식으로 시민들의 자유를 보호하고자 합니다. 이것을 가장 잘 보여 주는 것이 바로 '**법치국가 원리**'입니다.

"지켜야 하니까 법이지." VS "이런 법이 어딨어!"
법치국가 원리

"국민의 자유와 권리를 제한하거나 국민에게 의무를 부과하기 위해서는 국민의 의사가 반영된 의회가 제정한 법률을 통해서만 가능하다."

법치국가 원리는 근대 이후 대부분의 국가가 헌법에서 적극적으로 받아들이고 있는 기본원리입니다. 의회가 제정한 법률은 모든 국민에게 적용됩니다. 국회의원, 법관, 대통령도 예외가 아닙니다. 그런데 법

우리 법에 담긴 법치국가 원리와 죄형법정주의

민주주의 국가에서 최상위 법은 헌법입니다. 형법을 공부할 때 헌법의 기본원리와의 관계를 통해 공부하면 도움이 됩니다.

헌법에서는 국민의 기본권과 기본권 보장을 위한 국가 질서를 규정합니다. 헌법은 법치국가 원리를 반영하여 다음과 같이 규정하고 있습니다.

제12조

① 모든 국민은 신체의 자유를 가진다. 누구든지 법률에 의하지 아니하고는 체포·구속·압수·수색 또는 심문을 받지 아니하며, 법률과 적법한 절차에 의하지 아니하고는 처벌·보안처분 또는 강제노역을 받지 아니한다.

제13조

① 모든 국민은 행위시의 법률에 의하여 범죄를 구성하지 아니하는 행위로 소추되지 아니하며, 동일한 범죄에 대하여 거듭 처벌받지 아니한다.

이러한 헌법 규정과 같은 맥락에서 형법 제1조 제1항은 다음과 같이 규정합니다.

제1조(범죄의 성립과 처벌)
① 범죄의 성립과 처벌은 행위시의 법률에 의한다.

이 규정은 '법률 없으면 형벌 없다'는 죄형법정주의를 잘 반영한 문구는 아닙니다. 엄밀히 말하자면 범죄가 발생한 때의 법률과 재판을 할 때의 법률이 다를 경우 어떤 법률을 적용해야 하는지를 규정한 것이니까요. 하지만 다수의 학자들은 형법 제1조 제1항을 죄형법정주의를 포함하는 내용으로 받아들이고 있습니다. 이 조문에 대해서는 형법 개정 논의가 있을 때마다 죄형법정주의를 분명하게 밝히는 형태로 그 표현을 바꾸어야 한다는 주장이 꾸준히 제기되고 있습니다.

치국가의 원리 또는 법치주의를 '시민들이 법과 질서를 지켜야 한다'
는 것으로만 이해하는 사람들이 있습니다. 사회의 정당한 법과 질서를
잘 지키는 것도 중요하지만, 법치주의의 본질은 오히려 시민의 자유와
권리를 보호하기 위해 국가 권력의 남용을 방지하는 데에 있습니다.

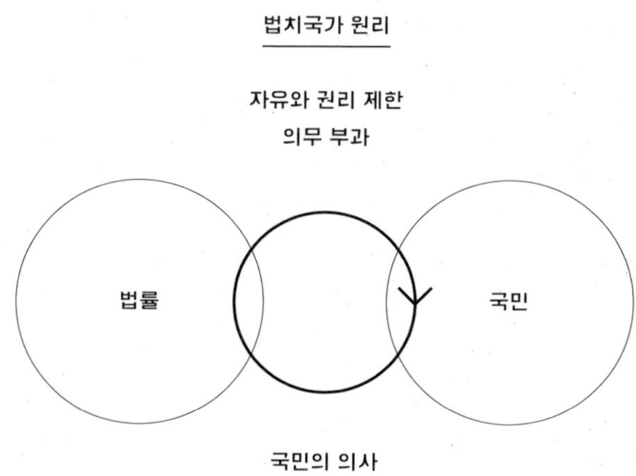

"교사나 학부모는 언제든지 학생의 가방을 검사할 수 있다."
어느 날 갑자기 이런 법률이 생겼다고 가정해봅시다. 법률로 정해지
기만 하면 말도 안 되는 가방 검사가 갑자기 정당한 것이 되는 걸까요?
"법률로 정해졌으니 당연히 지켜야지."
법률의 형식을 중요하다고 생각하고 그 내용을 묻지 않는 것을 '형
식적 법치국가 원리'라고 합니다. 하지만 조금 더 생각해 보면 이 원리
가 부당하다는 것을 바로 알 수 있습니다. 허락도 없이 남의 가방을 함

1장 : 섬세하고 신중한 형사법을 소개합니다

부로 뒤질 수는 없는 일이죠. 법률의 '형식'을 띠더라도 '내용'이 정당해야 합니다. 법치국가 원리가 법률 내용의 정당성에도 관심을 갖게 될 때 '실질적 법치국가 원리'로 발전합니다.

왕의 명령을 거부했던 사람들이 왜 법률의 지배를 거부하지 않을까요? 그것은 법률이 우리의 의사를 반영한 것이기 때문입니다. 우리의 생각이 반영된 것이 법률이라면, 애초에 우리의 생각을 잘 반영하지 않은 법률의 내용을 문제 삼는 것은 당연한 일입니다. 또한 우리의 생각을 잘 반영했더라도 시간이 지나 사람들의 생각이 달라지면 당연히 법률의 내용도 그에 맞게 바뀌어야 합니다.

범죄자를 어떻게 대해야 할까?
적법절차의 원리

다시 강철수의 사례로 되돌아가볼까요? 우리는 강철수가 절도를 했다고 의심하고 있습니다. 하지만 의심과 진실은 다를 수 있습니다. 의심을 진실이라고 확신하지 말고, 계속해서 무엇이 '실체적 진실'인지 파헤쳐야 합니다. 진실을 밝히는 과정에서 강철수가 부당한 피해를 받아서는 안 됩니다. 우리는 강철수에 대한 의심이 사실인지 먼저 확인해야 합니다. 미처 확인이 되기 전에 의심을 사실로 보고 '강철수가 도둑질을 했어'라는 생각으로 다그치면 진실에서 점점 멀어질지 모릅니다.

　위의 2가지 경우 중에서 그 어떤 방식으로 말한다고 하더라도 강철수는 매우 당혹스러울 것입니다. 우리가 그를 의심한다는 점은 변하지 않았으니까요. 강철수는 집에 가고 싶은 마음이 굴뚝같을 것입니다. 게임도 하고 싶고, 고양이와도 놀아 줘야 하는데, 친구들이 확인할 게 있다면서 붙잡고 놓아주질 않네요.

범인으로 의심을 받는 것도 서럽지만, 형사 소송의 과정에는 엄청난 불편과 고통이 따릅니다. 어느 날 몇 시에 와서 조사를 받으라고 하고, 어떤 때는 가두어 놓고 조사를 합니다. 우리는 피의자나 피고인의 입장을 고려해서 성숙한 절차를 찾아야 합니다. 실제로 강철수가 범죄를 저질렀다면 이야기가 달라질까요? 범죄를 저질렀다고 해도 철수는 누군가에게는 좋은 친구였을 겁니다. 범죄를 저지른 대가는 형법에 정해진 만큼만 받으면 됩니다. 형사 소송절차가 또 다른 형벌이 되어서는 안 됩니다. 또한 그 절차가 부당하게 지연되는 것도 좋지 않습니다.★

그런데 상황이 좀 꼬일 때가 있습니다. 원칙은 또 다른 원칙과 충돌할 수 있지요. 이때 우리는 어떤 원칙 하나를 우위에 둘 수밖에 없습니다. 수사 기관이 어떤 집에 들어가서 수색을 하고 압수를 하려면 법원에서 영장을 발부받아야 합니다. 그런데 만약 영장을 발부받지 않고 집에 들어갔다가 피가 묻은 칼을 발견했다고 생각해봅시다. 이

10대를 위한 재미있는 형법 교과서

경우 적법한 절차를 지키지 않고 수집한 증거물은 법원에 제출할 수 없습니다. 실체적 진실과 적법한 절차가 서로 부딪칠 때 적법한 절차에 더 우위를 둔 것이지요.

콜라 병에 간장을 넣는다고 해서 간장이 콜라가 될까?
우리가 형법을 공부해야 하는 이유

법률의 규정 없이 처벌이 가능했던 절대국가에서는 시민들이 안정된 생활을 할 수 없었습니다. 이러한 문제의식이 반영되어 시민혁명이 일어났고, 그 결과 **죄형법정주의**가 확립되었습니다. 그 첫 모습인 프랑스 인권선언은 형벌권이 개입하기 위해서는 법률의 규정이 있어야 한다는 것을 골자로 하고 있습니다. 프랑스 인권선언을 시작으로 세계 각국에 죄형법정주의가 퍼져 나갔습니다. 그러나 형법의 '죄형법정주의'와 헌법의 '법치국가 원리'는 그 근거가 되는 '법률이 존재하는지'에 대해서만 관심을 두었고, '법률의 내용이 무엇인지'에 대해서는 관심을 두지 않았지요. 콜라 병에 간장을 넣는다고 간장이 콜라가 되는 것이 아니듯이, 부당한 내용의 법률은 국민을 보호하는 규범으로서 역

1장 : 섬세하고 신중한 형사법을 소개합니다

할을 다할 수 없습니다.

형법을 실행하는 절차를 다루는 형사소송법에서는 **적법절차 원리**를 통해 국가의 자의적 형벌권 행사를 막고 있습니다. 우리는 진실을 알고자 하지만, 그 과정에서 헌법과 법률이 정한 절차를 지켜야만 하는 것이지요. 형사법의 기본원리들이 법률 속에서 바로 지켜지는지 알아볼 수 있는 섬세하고 신중한 눈을 갖는 것, 이것이 우리가 형법을 깊이 들여다보는 이유입니다.

제1회 형법능력평가

2008년 9월부터 위치추적 전자장치(이른바 '전자발찌') 부착 제도가 시행되었습니다. 2010년 4월에는 형법이 개정되어 유기징역의 상한이 15년에서 30년으로 높아졌습니다. 같은 해 7월에는 성폭력범죄자에게 성충동 약물치료(이른바 '화학적 거세')를 할 수 있는 근거법률이 만들어졌습니다. 또한 계속되는 법률의 개정으로 '전자발찌'나 '화학적 거세'가 적용될 수 있는 범죄가 늘어나고 있습니다. 성폭력범죄자에 대해서는 신상공개제도와 성범죄자 우편고지제도도 운용되고 있습니다.

새로 등장한 더 무거워진 제재 수단은 기존의 형벌과 함께 적용되기도 합니다. 어떤 성범죄자는 교도소에서 징역형을 복역하고 출소한 다음 전자발찌를 착용한 채로 몇 년을 지내야 하며, 화학적 거세를 받고 그의 신상이 인터넷과 우편물을 통해 인근 주민에게 알려질 수 있습니다. 자, 이와 같이 성범죄 척결이라는 '목적'에 맞추어진 적법한 법률들이 과연 '내용'도 정당한 법률이라고 할 수 있을까요? 다함께 생각해 봅시다.

아이고… 지금 사람들이 얼마나 공포에 떨고 있는데! 다른 사람에게 피해를 준 사람은 당연히 그 대가를 치러야지. 그동안 처벌이 너무 약해서 범죄자들이 겁도 없이 활개치고 다닌 거 아니겠어? 그렇다면 형사제재의 강화는 사회 안전을 위해 정말 필요한 것이라고 생각해. 사실 사형을 시켜도 시원치 않을 사람들을 조금 불편할지언정 우리 안에 두겠다는데, 이 정도면 충분히 이성적이고 정당한 내용의 법률이 아닐까?

한 통계에 따르면 사람들은 범죄에 대한 위험 때문에 불안을 가장 많이 느낀데. 실제 강력범죄 발생 건수를 보면 통계수치가 늘어난 것은 맞아. 그렇지만 사람들이 느끼는 불안감이 과잉되었다는 지적도 있어. 그리고 제재를 강화하면 제재를 피하려고 하는 동기만 커질 뿐 범죄가 예방될 것이라는 것은 환상이야. 불필요한 제재는 과감히 없애고, 필요한 형사제재만 공정하게 집행하면서 범죄가 발생하는 근본 원인을 찾아가는 게 더 중요하지 않을까?

[34]

2.

까다롭지만 마음씨 좋은 형법

넌 드라마 보니? 난 법전 본다!
법전을 읽는 방법

형법은 법전으로 존재합니다. 형법전을 펼쳐보면 맨 앞에 형법전의 구성을 알 수 있습니다. 제1편에는 총칙, 그리고 제2편에는 각칙이라고 적혀 있습니다.

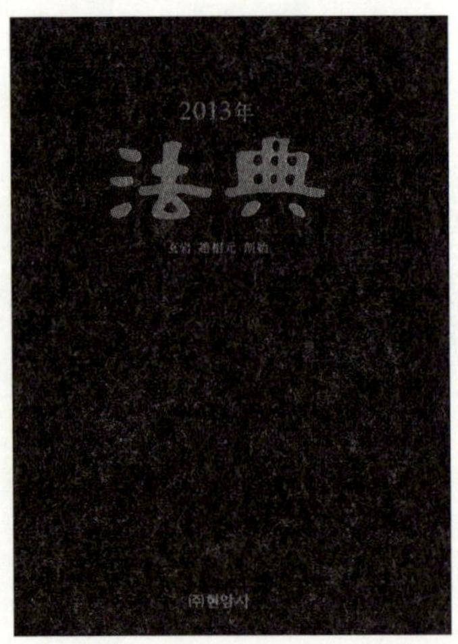

법전표지

형법

제1편 총칙(總則)
제1장 형법의 적용범위
제2장 죄
제3장 형
제4장 기간

제2편 각칙(各則)
제1장 내란의 죄
제2장 외환의 죄
제3장 국기에 관한 죄
제4장 국교에 관한 죄
제5장 공안을 해하는 죄
제6장 폭발물에 관한 죄
.
.
제42장 손괴의 죄
부칙

형법의 구성

　본격적으로 법전을 읽어 나가기 전에 법전을 읽는 방법에 대해 간략히 알아볼까요? 그 요령을 제대로 알게 되면 수많은 조항으로 이루어진 복잡한 법전도 비교적 쉽게 읽을 수 있습니다.

　형법의 제1편은 총칙이라고 했습니다. 그 내용은 무엇일까요?

　12시, 점심시간 종이 울립니다. 가영이는 학교 식당에서 급식을 먹습니다. 순범이는 매점에서 빵을 먹습니다. 슬기는 카레를 먹고, 정원이는 비빔밥을 먹습니다. 우리는 이것을 '점심을 먹는다'고 말합니다. 각자가 먹은 음식, 장소, 방법은 다양하지만, 점심을 먹는다는 점은 똑같습니다. 수학시간에 배웠던 다항식 계산을 생각해 보면 쉽게 이해할 수 있습니다.

$$ax + ay = a(x + y)$$

　$ax + ay$를 공통된 a로 묶어 $a(x + y)$로 정리할 수 있듯이, 총칙과 각칙도 마찬가지입니다. 우리 형법은 살인죄니 강도죄니 하는 것들은 각칙에서 다루고, 각각의 범죄에서 공통되는 것들을 총칙에 따로 모아 다루고 있습니다. 실제 발생하는 범죄는 좌변처럼 a와 x가 결합한 모습으로 발생합니다. 그렇기 때문에 여기에서 공부하는 '총칙'을 뒤에서 공부하게 될 '각칙'의 규정과 함께 연결시켜 생각하면 형법을 더 잘 이해할 수 있습니다.

　총칙의 개념에 좀 더 가까이 다가가 볼까요? 총칙은 크게 '무엇이

2장 : 까다롭지만 마음씨 좋은 형법

범죄를 이루는지’ 규정한 범죄의 부분과 ‘범죄에 대해 어떻게 처벌할지’를 규정한 형벌의 부분으로 구성되어 있습니다. 이번 장에서는 무엇이 범죄를 이루는지, 즉 범죄의 성립 요건을 공부할 겁니다.

장발장은 굶주린 조카들을 위해 빵가게에서 빵을 훔쳤습니다. 장발장의 이런 행위를 범죄로 인정할 수 있을까요? 범죄의 성립 여부를 판단하는 일은 어떻게 이루어질까요? 오랜 논의 끝에 사람들은 범죄의 성립을 인정하기 위해 ‘구성요건 해당성’, ‘위법성’, ‘책임’이라는 세 단계의 검토과정을 거치기로 했습니다.

"형법 제250조 제1항에 의거, 사형에 처한다."
구성요건과 구성요건 해당성

형법 각칙의 규정들은 일정한 요건을 갖춘 행위를 범죄 행위로 규정하고 있습니다. 이것을 **구성요건**이라고 합니다.

> **제250조**(살인)
>
> ① 사람을 살해한 자는 사형, 무기 또는 5년 이상의 징역에 처한다.
>
> **제329조**(절도)
>
> 타인의 재물을 절취한 자는 6년 이하의 징역 또는 1천만 원 이하의 벌금에 처한다.

여러분은 영화나 드라마 속에서 판사가 피고인에게 사형 선고를 내리는 걸 본 적이 있을 겁니다. 실제로 형법 제250조 제1항에서는 "사람을 살해한 자는 사형 (…) 에 처한다"라고 규정하고 있습니다. 앞에서 '무엇을 하면'에 해당하는 것이 범죄의 구성요건이라고 말씀드렸죠? 형법 제250조 제1항의 경우 구성요건은 '사람을 살해한 자', 즉 '살인'입니다.

위 그림에서 A, B, C 세 사람은 사람을 죽였습니다. A는 음료수에 독을 넣어서, B는 사냥을 함께 나간 동료를 엽총으로, C는 운전 중에 보행자를 차로 치어 죽게 했습니다. 이 세 사람은 '사람을 살해한 자'라는 공통점이 있습니다. 이러한 사실을 법학적으로 표현하면 "세 사람의 행위는 모두 살인죄의 구성요건 해당성이 있다"라고 말할 수 있습니다.

"그 자식이 먼저 때렸어. 이건 정당방위라고."

위법성과 정당화사유

형법 제250조가 살인을 금지한다고 해서 어느 경우에든 살인이 범죄라고 할 수 있을까요? 예를 들어 나에게 괴한이 칼을 들고 달려드는

10대를 위한 재미있는 형법 교과서

데 마침 옆에 있던 막대기로 그를 때렸
다고 해봅시다. 아뿔싸… 잘못 맞아 괴
한이 즉사했습니다. 또는 격투기 종
목에서는 경기 내내 폭행죄와 상해죄
의 구성요건에 해당하는 행위가 발생
하지만 아무도 잡혀가지 않습니다. 이와
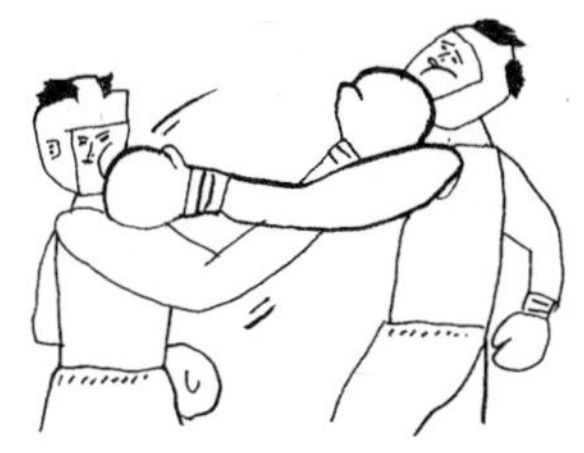
같은 사례에서는 위법성을 검토해 볼 필요가
있습니다. **위법성**이란 구성요건에 해당하는 행위가 전체 법질서에 반
하는 성질을 말합니다. 살인죄의 구성요건적 행위가 무엇인지 떠올려
볼까요? '사람을 살해한', 즉 '살인'이었지요. 생명은 가장 소중한 것인
만큼, 누군가의 생명을 잃게 하는 것이 중대한 반사회적 행위라는 것
은 분명합니다. 형법은 이러한 중대한 반사회적 행위를 금지시킵니다.
따라서 형법의 요구에 반대되는 행위는 위법한 것으로 추정됩니다. 그
러나 형법은 예외적으로 구성요건에 해당하는 행위가 위법하지 않고
'정당화'될 수 있는 원인을 **'정당화사유'** 또는 **'위법성조각사유'**로 인
정하고 있습니다. 조각(阻却)은 '물리치다'라는 뜻의 한자어입니다. '위
법성조각사유'는 '위법성을 물리치는 원인'이라는 뜻이지요. 위의 방
어행위나 스포츠경기는 위법성이 조각되는 경우입니다.

　"원래 나쁜 거지만 이것만큼은 예외야"라고 하는 것이 위법성조각
사유인 만큼 규정을 미리 정해 놓아야겠지요? 우리 형법에서는 위법성
조각사유를 형법의 총칙과 각칙에 나누어 규정하고 있습니다.

	위법성조각사유	형법의 규정
총칙	정당행위	제20조
	정당방위	제21조
	긴급피난	제22조
	피해자의 승낙	제23조
	자구행위	제24조
각칙	공익을 위해 진실한 것으로 믿는 사실 적시에 의한 명예훼손	제310조
	일시적인 오락성 도박	제246조 제1항 2문

정호 삼촌이 길을 가고 있는데 갑자기 칼을 든 강도가 나타나서 지갑을 내놓으라고 합니다. 태권도 도장을 운영하고 있는 정호 삼촌은 돌려차기로 강도의 턱을 강타했고, 강도는 얼굴에 상처를 입고 쓰러졌습니다. 그리고 지나가던 사람들이 도와줘서 강도를 경찰에 넘겼습니다. 이때 정호 삼촌은 강도에게 상처를 입혔으니 상해죄의 책임을 져야 할까요?

제21조(정당방위)

① 자기 또는 타인의 법익에 대한 현재의 부당한 침해를 방위하기 위한 행위는 상당한 이유가 있는 때에는 벌하지 아니한다.

정호 삼촌의 경우는 전형적인 **정당방위**의 예에 해당합니다.

정당방위로 인정되려면 그 행위가 '현재의 부당한 침해'(위험의 현재성)에 대한 것인지, 또 '방위 행위로 알맞은 것인지'(방위 행위의 상당성) 따져 보아야 합니다. 또한 방위의사를 가지고 있었는지(주관적 정당화사유)도 필요합니다. 만일 정호삼촌이 어제 강도에게 기습당한 것을 이유로 오늘 강도에게 돌려차기를 했다면 그 경우에도 정당방위로 인정될까요? 죽을 뻔한 위험은 어제 있었던 것이지 현재 있는 것이 아닙니다. 이런 경우에는 '현재의 부당한 침해'라는 조건에 해당하지 않습니다. 따라서 정당방위가 인정되지 않고 그대로 폭행죄 내지는 상해죄가 인정됩니다.

　정호는 편의점에 갔다가 한 꼬마가 과자를 몰래 훔쳐가는 장면을 목격했습니다. 편의점 주인도 꼬마 도둑을 놓치지 않았습니다. '현재' '부당한 침해'가 발생했습니다. 주인이 위험(과자 절도)을 피하기 위해 꼬마에게 총을 쐈다면, 정당방위가 성립하는 걸까요? 과자를 훔쳐가는 행위를 저지할 다른 방법들도 있는데 총으로 저지하는 것은 분명 지나친 행동입니다. 이 경우에는 상당성의 요건과 관련하여 정당방위가 성립할 수 없습니다. 따라서 편의점 주인은 위법한 행위로 처벌을 받게

됩니다. 지나친 방위행위, 즉 **과잉방위**로 상황에 따라 형을 감경하거나 면제받을 수는 있겠지요.

　이런 경우는 어떨까요? 길을 가던 정호는 자기 쪽으로 돌진하는 차량을 발견합니다. 차는 점점 더 가까이 다가왔고 결국 정호는 죽음을 모면하고자 급히 남의 집에 뛰

어들어 대문을 부수고 그리로 들어갔습니다. 문을 부순 건 손괴죄★, 집에 들어가 주거의 평온한 상태를 깨뜨린 것은 주거침입죄의 구성요건에 각각 해당합니다.

우리는 이런 상황을 **긴급피난**이라고 부릅니다. 형법 제22조 제1항은 다음과 같이 규정하고 있습니다.

> **제22조**(긴급피난)
> ① 자기 또는 타인의 법익에 대한 현재의 위난을 피하기 위한 행위는
>   상당한 이유가 있는 때에는 벌하지 아니한다.

정당방위와 긴급피난은 언뜻 보면 비슷해 보이지만, 이 둘 사이에는 분명한 차이가 있습니다. 정당방위는 '현재의 부당한 침해'에 대해서만 행할 수 있지만, 긴급피난은 자기 또는 타인의 법익에 대한 '현재의 위난(위급하고 곤란한 상황)'을 피하기 위한 행위이면 충분하고, 반드시 부당한 침해일 것을 요구하지 않습니다. 따라서 운전자가 처음부터 정호에게 위해를 가하려 돌진한 것(부당한 침해)이든 브레이크 고장으로 운전자도 어쩔 수 없는 상황(부당하지 않은 침해)이었든 상관없이 긴급피난은 인정될 수 있습니다.

정호가 옆에 있는 건초 더미로 피할 수 있었는데도 굳이 남의 집 대문으로 피해 집주인을 다치게 한 것이라면, **과잉피난**이 될 수 있습

2장 : 까다롭지만 마음씨 좋은 형법

니다. 이런 경우에는 과잉방위
에서 살펴본 것처럼 상당성의
요건과 관련하여 위법한 행
위로 남게 되고, 대신 상황
에 따라 형을 감경하거나
면제할 수 있습니다.

"제가 술이 너무 취해서…"
책임과 면책사유

지금까지는 어떤 행위를 범죄로
인정할 수 있는가 없는가를 중심으
로 '구성요건 해당성'과 '위법성'에
대해 알아봤습니다. '사람을 살해한
행위', '타인의 물건을 절취한 행위',
'타인의 명예를 훼손한 행위' 등은 어떠한

'행위'를 두고 판단하는 것들입니다. 이와는 달리 이제부터 살펴볼 **책
임성**은 '행위'가 아닌 '행위자'를 두고 하는 판단입니다.

46

유치원에 다니는 기봉이는 자전거를 너무나도 가지고 싶어 합니다. 놀이터에서 친구들과 자전거를 타며 어울리고 싶기 때문이죠. 하지만 부모님은 자전거가 위험하다며 절대로 사주지 않겠다고 합니다. 그러던 어느 날, 놀이터에서 놀고 있는데 마침 자전거 한 대가 세워져 있었습니다. 기봉이는 주위를 둘러보고 아무도 없기에 자전거를 타고 그대로 집에 와 버렸습니다. 아무 일도 없을 줄 알았지만 며칠 후 자전거 주인이 나타나서 경찰서에 형사 고소를 하겠다고 합니다. 기봉이는 이대로 절도죄로 고소되어야 할까요? 이제 유치원에 다니는 일곱 살 아이인데 말입니다.

기봉이의 행위는 분명 절도죄에 해당하는 행위입니다. 타인의 물건을 절취하는 절도죄는 형법이 규정한 위법한 행위입니다. 정당방위나 긴급피난 같이 위법성을 배제할 만한 사유도 없어 보입니다. 그렇지만 겨우 유치원생인 기봉이를 절도죄를 지었다며 비난하자니 책임을 이해할 만큼 성숙하지 못한 점이 마음에 걸립니다. 형법에서 기봉이는 형사미성년자에 해당하므로 처벌하지 않습니다.

이번에는 동비의 이야기입니다. 동비는 남모를 병이 있어 고민이 깊습니다. 그 병은 다름 아닌 몽유병입니다. 하루는 공포 영화를 보다가 잠이 든 것 같았습니다. 그런데 아침에 일어나 보니 손에 피가 잔뜩 묻어 있는 것이 아닙니까. 밖에서는 경찰차 사이렌 소리가 들렸고 동비는 불안해졌습니다. 당황스러워하는 동비. 이제 꼼짝없이 살인죄로 감옥에 가야 하는 걸까요?

여기에서 우리는 동비가 법을 지킬 수 있었는데도 불구하고 불법을 결심하고 위법을 저지른 것인지를 따져 보아야 합니다. 그 결과 행위자를 비난할 수 없다고 평가되면, 구성요건 해당성이 있고 위법성이 있는 행위라도 책임성을 갖추지 못해 무죄가 됩니다. 즉 범죄가 성립하는지 여부를 검토할 때는 마지막으로 행위자에게 책임이 있는지를 검토하게 됩니다. 그렇다면 책임이란 무엇일까요? 책임은 그가 합법적 행위를 할 수 있었는데도 위법한 행위를 결의한 것에 대한 **비난가능성**을 의미합니다.

면책사유 또는 **책임조각사유**, 즉 책임을 물리칠 만한 이유가 있다면 위법한 행위를 했더라도 책임을 지지 않습니다. 책임조각사유는 형법 총칙에 다음과 같이 규정되어 있습니다.

책임조각사유	형법의 규정
형사 미성년자	제9조
심신 상실자	제10조 제1항
강요된 행위	제12조
법률의 착오	제16조
오상방위	제21조 제3항
오상피난	제22조 제3항

영화 〈아이덴티티〉를 보면, 폭풍을 피하기 위해 사람들이 모텔에 모이면서 사건이 벌어집니다. 사람들은 사막 한가운데 있는 모텔에 머무르며 비가 그치기만을 기다리는데 이상하게도 사람들이 하나둘 죽어 갑니다. 결국 모든 것이 한 사람의 소행이라는 것이 밝혀지고, 결말 부분에서 범인은 다중인격장애로 사형을 면하게 됩니다.

영화가 아닌 실제로도 이런 사례가 있습니다. 1977년, 미국 대학가 연쇄 성폭행 사건의 용의자인 빌리 밀리건은 체포되었습니다. 하지만 미국 역사상 최초로 24개의 다중인격과 정신이상으로 무죄를 선고받게 됩니다. 이 경우 무죄라고 해서 자유롭게 사회생활을 하는 것이 아니라, 치료를 위해 대부분의 시간을 정신병원에서 지내게 됩니다. 우리나라에서는 아직 이와 같은 사례는 없었지만, 다중인격장애 같이 심

2장 : 까다롭지만 마음씨 좋은 형법

신상실에 있는 자의 행위는 무죄 판결을 받게 될
것입니다.

그렇다면 이런 경우는 어떨까요? 다중인격
장애가 있는 사람이 살해 의도를 가지고 일부
러 폭력적이고 잔인한 인격을 불러냈다거나, 계
획한 범죄를 저지를 용기가 나지 않은 사람이 술
을 왕창 마시고 술의 힘을 빌려 강도 행각을 벌였
다면요?

제10조(심신장애자)

③ 위험의 발생을 예견하고 자의로 심신장애를 야기한 자의 행위에는
전2항(심신상실, 심신미약)의 규정을 적용하지 아니한다.

스스로 심신상실 또는 심
신미약의 상태를 만든 경
우에는 책임능력을 가
진 사람과 똑같이 처
벌됩니다.

10대를 위한 재미있는 형법 교과서

신중하게, 꼭 필요한 만큼만
용어보다 중요한 형법의 정신

　우리 형법은 총칙과 각칙으로 구성됩니다. 각 범죄와 형벌의 공통된 요소만을 뽑아서 정리해 놓은 것을 총칙이라 하고, 그 외에 개별적인 범죄에 대한 것을 각칙이라고 한다고 말씀드렸죠. 형법은 사회적으로 유해한 행위 중에서 중대한 것을 범죄로 규정하고 형벌이라는 강력한 수단으로 처벌합니다. 그러니 '무엄하다!'고 고함만 치는 원님이 되지 않으려면, '신중하게' 판단해서 '꼭 필요한 만큼만' 처벌해야 합니다. 형법 학자들은 오랜 논의 끝에 범죄가 성립하기 위해서는 3단계의 검토 과정을 거쳐야 한다는 규칙을 세웠습니다. 어떤 행위가 범죄인지를 판단하기 위해서는 이 장에서 배운 '구성요건 해당성, 위법성, 책임성'이라는 각 단계를 신중하게 검토해야 합니다. 이 중 어느 하나라도 요건을 갖추지 못한다면 범죄가 성립하지 않습니다.

실제 판례로 보는 심신상실과 심신미약

책임성에 대해서는 여러 의견과 시각이 존재합니다. 그러나 일반적으로 **책임능력, 위법성의 인식**, (책임 형식으로서의) **고의 · 과실, 기대가능성**으로 보고 있습니다.

심신상실의 정도에는 이르지 않았어도 심신장애로 사물을 변별할 능력이나 의사를 결정할 능력이 미약한 상태를 심신미약으로 인정합니다. 그러나 심신상실의 경우와 달리 심신미약자의 행위는 책임이 배제되어 무죄가 되는 것이 아니라, '한정책임능력자'로 인정되어 책임이 어느 정도 감경되어 유죄이나 형이 감경됩니다.

심신상실(책임무능력자)	심신미약(한정책임능력자)
정신병 · 정신박약 · 심한 의식장애 또는 기타 중한 심신장애적 이상	중병이 아닌 정신박약 · 신경쇠약 · 히스테리 · 노쇠 · 알콜중독 · 경증의 정신질병 등
→ 무죄	→ 유죄, 그러나 형이 감경됨

대법원의 실제 판결

대법원 1998. 4. 10. 선고 98도549 판결

피고인이 범행 당시 그 심신장애의 정도가 단순히 사물을 변별할 능력이나 의사를 결정할
능력이 미약한 상태에 그쳤는지 아니면 그러한 능력이 상실된 상태이었는지 여부가
불분명하므로, 원심으로서는 먼저 피고인의 정신상태에 관하여 충실한 정보획득 및 관계
상황의 포괄적인 조사·분석을 위하여 피고인의 정신장애의 내용 및 그 정도 등에 관하여
정신의로 하여금 감정을 하게 한 다음, 그 감정결과를 중요한 참고자료로 삼아 범행의 경위,
수단, 범행 전후의 행동 등 제반 사정을 종합하여 범행 당시의 심신상실 여부를 경험칙에
비추어 규범적으로 판단하여 그 당시 심신상실의 상태에 있었던 것으로 인정되는 경우에는
무죄를 선고하여야 한다.

심신상실과 심신미약을 판단하는 일률적인 기준이 있다기보다는
위의 판례와 같이 전문가의 감정이나 피고인의 특성 및 정황을 고루
살펴 판단합니다.

범죄인데 처벌권이 없다?
범죄의 처벌조건

    지금까지 살펴본 내용은 범죄의 성립요건에 대한 것이었습니다. 구성요건해당성-위법성-책임이라는 검토를 거쳐서 이를 전부 충족한 때에 피고인의 행위를 범죄라고 인정합니다. 수학시간에 배운 필요조건과 충분조건으로 설명하는 것이 도움이 되겠군요. 범죄의 성립요건은 형사제재의 필요조건이지만 충분조건은 아닙니다. 이제 살펴보고자 하는 처벌조건과 소추조건이 있어야 충분조건을 갖추었다고 할 수 있습니다.

    먼저 다음 장에서 이야기할 고의를 잠깐 언급해야겠군요. 고의란 범죄를 이루는 객관적 상황을 인식하고 그것을 실현하려는 의사를 말합니다. 그리고 원칙적으로 고의가 없으면 범죄가 성립하지 않습니다. 고의는 범죄의 성립요건인 (주관적)구성요건요소이니까요. 고의를 이렇게 이해한다면, 범죄 구성요건에 기술된 객관적 요소는 고의의 범위와 일치해야 합니다. 다음 그림을 한번 살펴볼까요?

주관적 구성요건요소

(고의)

- -

객관적 구성요건요소

(주체, 객체, 행위, 결과, 인과관계)

인식의 방향

그런데 경우에 따라 고의와 객관적 구성요건요소가 일치하지 않는 경우가 있습니다.

초과주관적 구성요건요소 (불법영득의사, 목적, 경향)	**주관적 구성요건요소** (고의)	
	객관적 구성요건요소 (주체, 객체, 행위, 결과, 인과관계)	**범죄의 처벌조건** (객관적 처벌조건, 인적 처벌조각사유)

인식의 방향

그림에서와 같이 주관적 구성요건요소가 인식할 대상이 객관적 구성요건에 규정되어 있지 않을 수 있습니다(초과주관적 구성요건요소). 반대로 객관적 구성요건으로 규정되어 있는데도 고의의 인식대상이 아닌 경우도 있습니다(처벌조건). 초과주관적 구성요건요소는 절도죄를 다룰 때 등장할 '불법영득의사'를 예로 들 수 있습니다.

뇌물을 받을 때 성립하는 범죄는 수뢰죄입니다. 형법이 개입하는 범위에서는 이 죄를 저지를 수 있는 사람이 공무원 등으로 제한됩니다. 그런데 아직은 공무원이 아니지만 시험에 합격한 강혁이가 "나중에 특별히 잘 봐주겠다"며 자신이 맡게 될 직무에 관해 금품을 받으면 어떻게 될까요? 이때에는 형법 제129조 제2항을 근거로 처벌이 됩니다. 대신 조건이 붙죠. 이 조문에서는 지금은 공무원이 아니므로 처벌되지 않지만, '공무원이 된 때'에는 처벌하겠다고 합니다. 즉 이때에 처벌권이 발생합니다. 그러나 강혁이가 자신이 공무원이 되었는지를 인식할 필요는 없습니다. 이 부분에 대한 고의는 불필요하지요. 이렇게 형벌권을 발생시키는 외부적 · 객관적 조건을 **객관적 처벌조건**이라고 합니다.

또 특별한 신분관계 때문에 형벌권이 발생하지 않는 경우도 있습니다. 가족 간에 발생한 절도에서 그 예를 찾을 수 있는데요. 직계혈족, 즉 부모와 자식 간에 절도가 발생한 경우 형법 제328조에서 '형을 면제한다'고 규정합니다. 부모 또는 자식이라는 신분관계 때문에 이미 성립한 범죄에 형벌권이 발생하지 않은 것이죠. 이것을 **인적 처벌조각사유**라고 합니다.

이렇게 형식적으로 범죄가 성립한 경우에 형벌권이 발동될 수 있는 조건, 즉 객관적 처벌조건과 인적 처벌조각사유를 통틀어 **처벌조건**이라고 합니다. 범죄는 성립했지만 처벌이 불필요한 경우가 있기 때문에 다시 한 번 검토를 하는 단계라고 생각하면 됩니다. 처벌조건에 대해 고의가 불필요함은 여러 차례 말씀드렸습니다. 그밖에 처벌조건이 충

10대를 위한 재미있는 형법 교과서

족되지 않아서 처벌되지 않는 경우에도 어쨌든 이미 범죄는 성립했으니 이 행위에 대한 정당방위도 가능합니다.

범죄인데 소추할 수 없다?
범죄의 소추조건

범죄가 성립했고, 처벌조건도 갖추었는지 여부와 무관하게 검사가 공소★를 제기해서 소송을 수행할 수 있기 위한 조건도 있습니다. '친고죄'에 대해 많이 들어보았을 겁니다. 이것을 **소추조건**이라고 합니다. 소추조건은 제6장에서 살펴볼 내용과 관계됩니다.

범죄의 혐의가 있다고 생각한 검사는 수사를 해야 할 의무가 있습니다. 그리고 수사를 통해 객관적 혐의가 있다고 판단할 때에는 법원에 공소★를 제기할 권한이 있습니다. 고소는 피해자 등 고소권자가 수사기관에 대해 처벌을 구하는 의사표시를 하는 것을 말합니다. 한마디로 '저 나쁜 놈 좀 처벌해주세요'라고 하는 거죠. 그래서 고소는 '누가 무슨 죄를 지은 정황을 포착했다'는 신문기사, '어제 불이 났는데 누가 그랬다고 하더라'라는 풍문과 마찬가지로 취

★ **형법 상식-공소**
검사가 법원에 특정 형사 사건의 재판을 청구하는 것을 말합니다.

급됩니다. 고소가 없어도 수사를 개시할 수는 있습니다.

그런데 법률에서 고소가 있어야'만' 처벌할 수 있게 하거나 '처벌하지 말아주세요'라는 명시적 의사표시가 있으면 처벌을 못하게 해놓았다면 어떨까요? 공소제기를 못하게 되니 수사도 불필요해질 수 있습니다. 형법에서 피해자 등 고소권자가 고소를 한 때에만 처벌할 수 있게 해놓은 범죄를 **친고죄**라고 합니다. 반대로 피해자가 명시적으로 '처벌을 원하지 않는다'는 의사표시를 하면 처벌할 수 없게 해놓은 범죄를 **반의사불벌죄**라고 합니다. 예를 들어 형법 제33장 명예에 관한 죄는 모든 구성요건이 친고죄 또는 반의사불벌죄로 규정되어 있습니다.

> **제312조**(고소와 피해자의 의사)
> ① 제308조와 제311조의 죄는 고소가 있어야 공소를 제기할 수 있다.
> ② 제307조와 제309조의 죄는 피해자의 명시한 의사에 반하여 공소를 제기할 수 없다.

따라서 제308조(사자의 명예훼손)와 제311조(모욕)의 죄는 친고죄로서 고소권자의 고소가 있어야 공소를 제기할 수 있습니다(제312조 제1항). 또 제307조(명예훼손)와 제309조(출판물 등에 의한 명예훼손)의 죄는 피해자의 명시한 의사에 반하여 공소를 제기할 수 없습니다(제312조 제2항).

10대를 위한 재미있는 형법 교과서

앞에서 살펴본 바와 같이 형법에서 형사 미성년자를 보호하고 있는 까닭은 만 14세 미만 청소년의 경우에는 책임비난이 가능할 만큼 성숙하지 못하였다고 보기 때문입니다. 그러나 최근에는 과거와 달리 청소년 조숙화 현상과 더불어 청소년도 하나의 인격으로 존중해야 한다는 인식이 확산되면서, 민법(성년자 만 20세→19세), 공직선거법(선거권자 만 20세→19세), 청소년 보호법(만 19세 미만 청소년으로 취급) 등에서 책임능력을 인정하는 연령이 조정되고 있습니다. 형법과 관련해서는 청소년 강력범죄가 증가하고 학교폭력의 연령이 낮아지고 있는 현상에 대해 형사미성년자 연령을 낮추어야 한다는 목소리가 높아지고 있습니다. 그에 반해 다른 한편에서는 청소년의 연령에 비추어 전과의 낙인을 찍는 것은 바람직하지 않다는 시각이 대립하고 있습니다. 형사미성년자 연령을 하향조정하는 것에 대해 그 장·단점들이 무엇인지 한번 생각해봅시다.

요즘 청소년들은 신체적인 성장도 빠르고 다양한 미디어를 통한 간접경험도 많아졌지. 세계적으로 청소년을 하나의 인격으로 존중해야 한다는 인식이 확산되고 있고, 우리나라에서도 일정 부분 청소년의 생각과 결정을 성인의 경우처럼 인정해주기도 하지. 민법, 공직선거법, 청소년 보호법 등에서는 이러한 변화를 이미 반영하고 있는데, 형법에서는 아직 반영하고 있지 않는 것은 형평에 맞지 않아. 민법 등 다른 법에서처럼 형법에서도 형사미성년자의 연령을 하향조정하는 것이 필요해.

너의 말도 일리는 있어. 그런데 각 법마다 연령을 조정하게 된 이유가 있지. 예를 들면, 민법의 미성년자 연령 조정은 청소년의 경제활동 범위를 넓혀주기 위한 것이고, 공직선거법의 선거 연령 조정은 선거권 행사를 가능하게 해주기 위해서야. 형법의 형사미성년자 연령은 청소년기 미성숙한 인격으로 저지른 범죄 때문에 평생 사회로부터 범죄자라는 이름으로 낙인찍히는 것을 막기 위한 것이라고 할 수 있지. 다른 법에서 책임능력의 연령 조정이 이루어지고 있다고 해서 형법에서도 반드시 형사미성년자 연령을 조절할 필요는 없다고 생각해.

[62]

3.

레고 블록 같은 범죄의 구성 체계

"백설공주가 독사과를 먹고 멀쩡히 살아남는다면?"

기수와 미수

우리가 잘 아는 백설공주 이야기를 떠올려봅시다. 백설공주를 시기한 왕비는 노파로 변장한 후 독이 든 사과를 준비해 공주를 찾아갑니다. 착한 공주는 노파의 말에 속아 사과를 먹고 쓰러집니다. 난장이들이 일을 마치고 집에 돌아왔을 때 공주는 이미 죽어 있었습니다. 난쟁이들이 죽은 공주를 둘러싸고 슬퍼하고 있을 때 갑자기 공주가 기적처럼 살아났습니다.

범행과정을 보면, 왕비는 공주를 살해하겠다는 범죄의사를 가지고 있습니다. 그리고 계획대로 독사과를 준비했습니다. 그다음 이 독사과를 들고 공주를 찾아갔습니다. 이와 같이 범죄의 각 단계를 실현해 나가는 행위들은 범죄의사를 구체적인 행동으로 실현해나가는 것이라 볼 수 있습니다.

왕비의 의도대로 공주가 죽게 되면 이를 **기수**라고 합니다. 그렇지만 기수에 이르지 않았음에도 개별 구성요건별로 처벌할 수 있는 근거를 마련한 경우가 있습니다. 범죄에 필요한 행위를 다 하지 못하거나 또는 필요한 행위를 다 하였음에도 결과가 발생하지 않은 경우를 **미수**라고 합니다. 공주를 죽이려고 독사과를 먹게 했지만 공주는 죽지 않

범죄 의사

예비

실행의 착수

미수

기수

3장 : 레고 블록 같은 범죄의 구성 체계

있습니다. 그렇다면 왕비는 무죄가 아닌 살인죄의 미수범으로 처벌을 받겠네요.

미수범은 종류에 따라 처벌여부나 정도가 다릅니다. 미수에는 장애미수, 중지미수, 불능미수가 있습니다. 각각의 미수로 인정되기 위한 요건과 효과는 다음과 같습니다.

종류	요건		효과
장애미수	의사에 반하여 그만둔 경우	결과가 발생하지 않았을 것	임의로 형을 감경
중지미수	강제적 장애가 없었지만 그만둔 경우		반드시 형을 감경 또는 면제
불능미수	수단이나 객체의 착오로 결과 발생이 불가능		임의로 형을 감경 또는 면제

"오늘따라 왜 이렇게 일찍 돌아온 거야!"
장애미수

왕비는 백설공주에게 독이 든 사과를 건네줬습니다. 그런데 웬일인지 집을 나섰던 난쟁이들이 예정보다 일찍 집에 돌아오고 있습니다.

이것을 보고 왕비는 황급히 사과를 빼앗아 달아났습니다.

독이 든 사과를 건넨 순간 왕비는 살인죄의 실행에 착수한 것으로 인정됩니다. 왕비는 자신의 범행 의사에 반하여, 난쟁이에게 들킬까 봐 범행을 포기하고 달아나면서 살인에 성공하지 못했습니다. 이는 **장애미수**에 해당합니다. 즉 자발적으로 범행을 그만둔 것이 아니라 난쟁이들 때문에 포기하고 달아난 것이죠. 법원은 재량으로 왕비에게 법률에 규정된 형량보다 감경할 수 있습니다.

왕비는 백설공주에게 독이 든 사과를 건네줬습니다. 막상 공주를 보니 궁전에서 나와 난쟁이들과 어렵게 사는 모습이 안타깝기도 하고

3장 : 레고 블록 같은 범죄의 구성 체계

불쌍한 마음이 들어 자신이 줬던 사과를 빼앗아 궁전으로 돌아갔습니다.

이 경우에는 왕비가 자신의 자유로운 의사에 따라 범행을 그만두었다는 사실이 중요합니다. 이런 경우를 **중지미수**라고 합니다. 중지미수의 경우에 법원은 반드시 형벌을 감경하거나 면제해야 합니다.

"설명서를 대충 읽었더니 그만…"

불능미수

공주는 사과를 먹고 쓰러졌습니다. 그것을 본 왕비는 황급히 자리를 떠났습니다. 그런데 얼마 후 공주는 자리에서 일어나 먹은 것을 모두 토했습니다. 왜 공주가 죽지 않고 깨어났는가 하는 이유를 알고 보니 왕비가 사용한 독약은 치사량이 10밀리그램인 약물로, 그 이상을 먹어야만 사망에 이

10대를 위한 재미있는 형법 교과서

를 수 있는 약이었습니다. 하지만 왕비가 설명서를 자세히 읽지 않아 사과에 독약을 1밀리그램만 넣어 공주에게 준 것입니다.

이 독약은 10밀리그램 이상 복용해야만 사망에 이르게 되고, 1밀리그램으로는 사람을 사망하게 할 수 없습니다. 결국 백설공주는 죽지 않았고 왕비의 범행은 미수로 끝났지만, 왕비는 독약 1밀리그램으로도 사람이 죽을 수 있다고 생각했고, 또 다른 사람들이 보더라도 독약은 위험하다고 생각할 수 있습니다. 치사량에 미치지는 못했지만 독이 든 이 사과는 분명 위험한 것입니다. 이처럼 범행 수단이나 대상에 대한 착오로 결과발생이 불가능하지만 행위의 위험성이 있는 경우를 **불능미수**라고 합니다. 이런 경우에는 법원은 형을 재량에 따라 감경하거나 면제할 수 있습니다.

"내 구두인 줄 알았지. 훔치려던 생각이 아니었어."

고의범과 과실범

신데렐라라는 아이가 있었습니다. 신데렐라는 무도회가 끝나고 집에 돌아와서야 친구의 구두를 바꿔 신고 온 것을 알았습니다. 신데렐

라 친구는 왜 남의 구두를 훔쳐갔냐
고 화를 내고 있네요. 사실 신데렐
라는 아무 생각 없이 신고 온 것인
데 한순간에 도둑이 될 위기에 처했
습니다. 신데렐라가 구두를 바꿔 신고
온 것은 절도죄에 해당하는 걸까요?

제329조(절도)

타인의 재물을 절취한 자는 6년 이하의 징역 또는 1천만원 이하의 벌
금에 처한다.

신데렐라는 절취의 의사는커녕 친구의 구두인지조차 알지 못했습
니다. 따라서 신데렐라가 구두를 잘못 신고 온 행동에 절도의 고의는
없습니다. 고의가 없다면 고의범으로 처벌할 수 없습니다.

우리가 어떤 행동을 할 때에는 외부 상황을 인식하고 그에 따라 행
동을 합니다. 범죄가 문제되는 상황에서도 구성요건에 나타난 객관적
구성요건요소를 인식하고 그에 따라 실현하려는 의사를 갖고 행동하
게 됩니다. 쉽게 말하자면 **고의**는 객관적 구성요건에 쓰여진 행위상황
을 인식하고 그것을 실현하려는 의사입니다.

이렇듯 범죄의 성립을 위해서 내가 어떤 것을 '알고' 그랬는지 '모
르고' 그랬는지도 고려하는 것이 합당합니다. 모르고 그런 행위를 했

10대를 위한 재미있는 형법 교과서

다면 적어도 고의범으로 처벌되지는 않습니다. 이 경우에는 과실범의 성립 여부를 따져야 하는데, 과실범의 처벌은 법률의 규정이 있는 경우에만 가능합니다. 과실범에 대해서는 조금 뒤에 설명하도록 하지요.

"이런, 백설공주가 아니었잖아!"
착오의 문제

먼저 **착오**에 대해 살펴보겠습니다. 우리는 보통 밥통에서 밥을 꺼내 먹고 냉장고에서 사과를 꺼내 먹습니다. 그러나 가끔은 사과인 줄 알고 먹었는데 토마토인 적도 있고 물인 줄 알고 마셨는데 음료수인 적도 있을 겁니다. 이렇게 사실과 인식의 불일치를 '착오'라고 합니다.

왕비는 백설공주를 살해하기 위해 독사과를 들고 공주가 사는 곳으로 찾아갔습니다. 문을 두드리자 공주가 밖으로 나와 왕비를 반갑게 맞이합니다. 왕비는 그 사이 더 예뻐진 공주를 보자 질투가 끓어올랐고 독사과를 크게 한입 먹어보라고 권합니다. 공주는 사과를 한입 베어 먹자마자 그 자리에 쓰러져 목숨을 잃었습니다. 그런데 웬걸, 뒤에서 진짜 백설공주가 나타났습니다. 사과를 먹은 건 백설공주가 아니라 백설공주의 친구 신데렐라였던 겁니다. 친구인 신데렐라가 백설공주 집에 놀러왔다가 봉변을 당한 것이지요.

왕비는 백설공주를 죽이려 했던 것인데 애꿎은 신데렐라가 죽었습니다. 왕비의 객체 인식에 착오가 있었네요. 왕비는 신데렐라(존재한 사실)를 백설공주(인식한 사실)로 오인했습니다.

세상에 많은 일들은 우리 생각과 달리 계획대로 되지 않는 경우가 많고 우리가 처한 상황을 제대로 파악하지 못해 잘못된 판단을 내리는 경우도 많습니다. 범죄행위도 쉽게 생각대로 계획대로 진행되지는 않을 겁니다. 마찬가지로 범죄에도 많은 인식과 판단의 착오들이 존재합니다. 도둑인 줄 알고 총을 쐈는데 손님이었다든지, 허수아비인 줄 알고 돌을 던졌는데 사람이었다든지 하는 것 말입니다. 이 사례에서 왕비가 신데렐라를 백설공주로 오인하고 독사과를 줬다고 하더라도 이는 사람을 죽이는 행위임을 인식하고 있었으므로 엄연한 살인죄에 해당합니다.

앞서 살펴본 신데렐라의 사례를 다시 살펴볼까요? 친구 운동화를 잘못 신고 온 신데렐라는 절도죄의 고의가 없습니다. 고의가 인정되지 않는 경우에는 항상 처벌하지 않는 걸까요? 아닙니다. 만일 형법에 과실범을 처벌한다는 규정이 있으면, 과실범의 성립 여부에 대해 검토해

봐야 합니다. 우리 형법에는 절도죄는 처벌하지만, 절도죄의 과실범을 처벌한다는 규정은 없습니다. 그래서 신데렐라는 무죄입니다.

"내가 좀 더 주의했어야 했는데 말이야."
과실범과 주의의무 위반

과실이라고 하니까 실수를 말하는 것이 아닐까 하는 친구들이 있는데, 여기서 말하는 과실은 단순한 실수와는 다른 것입니다. **과실**은 고의가 인정되지 않는 경우 중에서 일정한 주의의무에 위반한 경우를 말합니다. **주의의무 위반**이란 자신의 행동이 구성요건에 해당하는 결과를 가져올 수 있기 때문에, 그러한 위험을 예상하고 결과의 발생을 방지할 의무를 말합니다.

그러면 어떤 것이 주의의무 위반과 과실범에 해당하는지 구체적인 예를 통해 알아볼까요?

정호는 학교에 갈 때 자전거를 이용합니다. 오늘은 늦게 일어나서 지각하는 바람에 정신없이 달리다가 민수를 치었습니다. 이 사례에 대한 평가는 정호의 마음속 의사가 어떤 내용을 가지고 있는지에 따라

달라집니다.

　정호가 자전거를 타고 가는데, 앞에 평소 친구들을 괴롭히고 못살게 구는 민수를 발견했습니다. 평소 민수가 못마땅했던 정호는 '요놈 한번 혼내주자. 어디 하나 부러뜨려야지'라고 생각하며 그대로 자전거를 타고 민수에게 돌진했습니다. 그 결과 민수는 그만 자전거에 치어 팔이 부러지고 말았습니다.

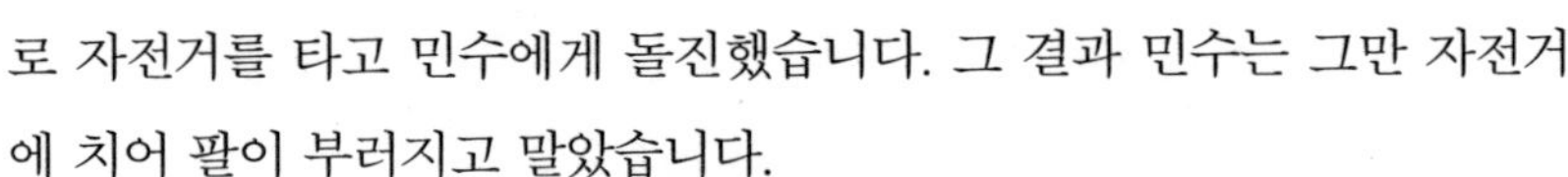

이런 경우라면 정호는 상해죄에 해당합니다. 왜냐하면 민수를 발견하고 상해의 고의로 그대로 민수에게 돌진하여 다치게 했으니까요. 그러나 정호가 자전거를 타고 가다가, 평소 좋아하던 여학생이 지나가는 것을 보고 잠시 정신이 팔려 앞을 보지 못하고 앞에 가던 민수를 치어버린 경우라면 어떨까요?

　정호에게는 상해죄의 고의는 없지만 주의의무를 다하지 못한 잘못이 있습니다. 자전거는 별도의 면허가 필요하지 않고 누구나 쉽게 운전할 수 있기 때문에 금방 알아차리지 못하지만, 도로교통법상 엄연히 '차'로 분류됩니다. 그렇기 때문에 자전거를 운행할 때는 언제나 앞과 뒤, 왼쪽과 오른쪽을 잘 살펴서 위험한 경우를 대비하고 위험을 방지

10대를 위한 재미있는 형법 교과서

할 의무가 있습니다. 그럼에도 정호는 이러한 주의의무를 다하지 않고 사람을 치어 다치게 했습니다. 정호는 분명 사람을 다치게 할 의도는 없었지만 과실이 인정되어 과실치상죄에 해당합니다.

조금 다른 사례를 살펴볼까요? 정호는 평소에 앞뒤좌우를 잘 살피고 적정한 속도를 유지하면서 자전거를 탑니다. 오늘도 다른 날처럼 주위를 잘 살피며 자전거를 타고 학교에 가고 있었습니다. 그런데 이게 웬걸, 갑자기 골목에서 꼬마가 뛰쳐나오지 뭡니까. 꼬마는 그대로 자전거에 부딪쳐

넘어지고 말았습니다. 정호는 분명 주의를 잘 살피며 조심해서 탔는데 꼬마가 예상치 못하게 튀어나오는 바람에 사고가 났습니다. 이런 경우에는 어떻게 될까요? 과실치상죄를 묻는 것이 맞는 걸까요?

사실 주위에서 이런 일이 자주 일어납니다. 살다보면 누구든지 이런 일을 한두 번 겪게 되지요. 발달된 문명의 혜택을 누리고 사는 현대사회에서는 문명의 이기를 이용할 때 항상 어느 정도 위험이 따르게 되어 있습니다. 예를 들어 자동차는 필요하고 편리하지만 그만큼 위험합니다. 자동차로 인한 인명사고를 생각해보세요. 그리고 그 위험을 우리 모두 예견하고 있습니다. 따라서 주의의무를 엄격히 적용하게 되면 자동차사고가 발생하면 언제나 과실이 인정되기 때문에 우리의 주의의무를 축소시킬 필요가 있습니다. 그래서 형법은 **신뢰의 원칙**에 따

라 교통규칙을 자발적으로 준수하는 운전자는 다른 사람도 교통규칙을 준수할 것이라고 신뢰하여 운전하면 주의의무를 다 한 것으로 보고 있습니다. 따라서 그 이상으로 다른 사람의 위반행위까지 예견해서 조치할 의무는 인정하지 않습니다. 이와 같이 신뢰의 원칙을 적용하게 되면, 마지막 사례에 해당하는 정호는 형사처벌을 면하게 됩니다.

때렸는데 죽어버렸어! 죽이려던 건 아니었는데!
고의범과 과실범의 결합: 결과적 가중범

'기분이 나빠서 뒤통수를 한 대 쳤는데 그대로 죽어버렸다.' 이건 고의범인가요, 과실범인가요? 고의와 객관적 구성요건의 범위는 일치하는 것이 일반적입니다. 그러나 이 경우 행위자는 폭행의 고의를 가지고 있었지만 범행 당시 의도하지 않은 사망이라는 결과까지 발생했습니다. 폭행죄로만 처벌하자니 뭔가 합당하지 않은 것 같습니다. 그렇다고 사망이라는 결과가 발생했다고 무조건 그 결과에 대한 책임을 묻는 것도 문제입니다. 어떻게 하는 것이 합당할까요?

2가지 방법을 생각해볼 수 있습니다. 우선 폭행죄는 성립합니다.

여기에 사망의 결과에 대해 고의나 과실이 있으면 처벌을 살인죄 또는 과실치사죄로 처벌하는 것이 첫 번째 방법입니다. 이 경우 하나의 행위로 2개의 구성요건을 충족시키는 것인데, 형법에서는 이를 '상상적 경합'이라고 하여 두 죄 중 가장 중한 죄의 법정형에 따라 처벌합니다.

다음으로는 이런 생각을 해볼 수 있습니다. 때린 게 잘못돼서 죽는 경우는 쉽게 예상할 수 있지 않은가! 원래 의도한 범죄(폭행)에 그런 중대한 결과(사망)의 위험성이 포함되었으니 이럴 때에는 별도의 구성요건을 만들자. 하나의 행위로 두 개의 구성요건을 충족시킨 경우(상상적 경합)와 원래 의도한 범죄에 내재된 위험이 발생한 경우는 달리 취급해야 하지 않을까.

우리 형법은 두 번째 방법을 입법화 했습니다. 물론 상상적 경합은 별도로 인정하는 규정을 두고 있습니다. 고의의 기본범죄로 중대한 결과가 발생한 경우! 이것을 우리는 결과 때문에 형벌이 가중된다고 하여 **결과적 가중범**이라고 부릅니다. 그렇지만 주관적 구성요건의 범위와 객관적 구성요건의 범위가 일치하지 않는 문제는 여전히 남아 있습니다.

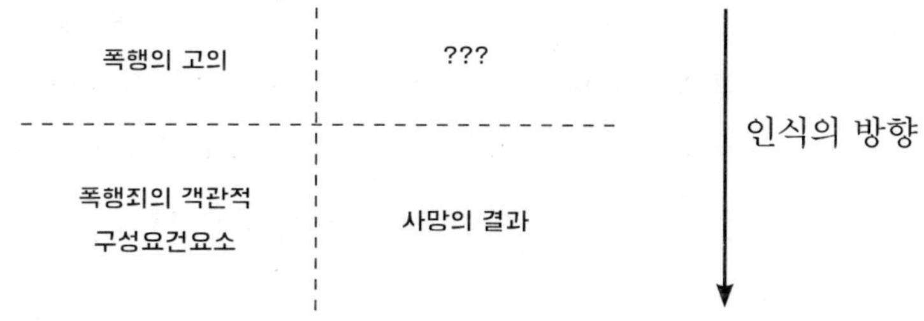

3장 : 레고 블록 같은 범죄의 구성 체계

그래서 이런 결과적 가중범에 대해서는 발생한 중대한 결과에 대해서 과실이 있을 것을 요구하게 되었습니다.

일단 결과 발생에 대한 과실을 요구하면 주관적 구성요건과 객관적 구성요건의 범위는 일치하게 됩니다. 그런데 결과적 가중범을 규정한 형법각칙의 구성요건, 예를 들어 폭행치사죄는 폭행의 결과 발생할 수 있는 사망이라는 결과가 발생한 경우를 규정하고 있습니다. 다시 말해 폭행죄에 '내재된 위험'만을 결과로 규정한 것입니다.

그러나 고의의 기본범죄인 폭행죄에 '내재된 위험'이라는 것은 너무 광범위하다는 것이 새로운 문제로 떠오릅니다. 피해자는 맞은 게 잘못되어서 사망할 수 있습니다. 맞은 게 억울해서 자살할 수도 있고, 맞은 부위에 이상이 없나 확인하러 병원에 가는 길에 교통사고로 사망하는 것도 충분히 있을 수 있으니까요. 여기에서 결과의 광범위한 인과과정을 제한하기 위해 **직접성원칙**이라는 도구가 등장합니다. 기본범죄(폭행)을 통해서 '직접 연결된 결과'일 때에만 사망의 결과에 대해서까지 폭행치사죄를 통해 책임을 묻겠다는 것입니다.

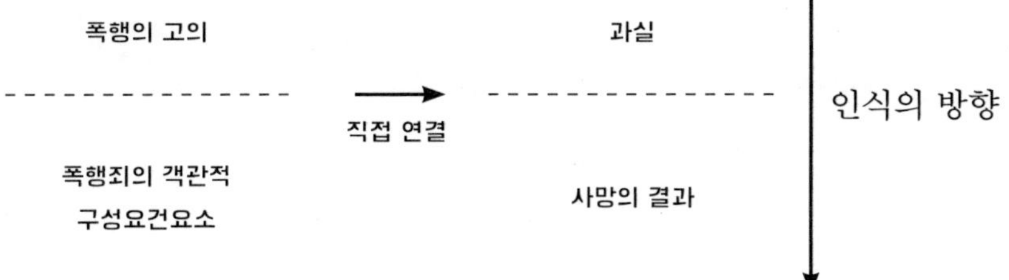

　결과적 가중범을 규정하여 고의의 기본범죄로 인해 중대한 결과가 발생한 경우를 별도로 취급하는 것은 나쁘다고 할 수 없습니다. 다르게 취급할 합당한 이유가 있다면 당연히 그렇게 해야겠죠. 그렇지만 왜 결과적 가중범을 만들어놓고서 성립되는 경우를 특별히 제한하려고 노력하고 있을까요? 바로 결과적 가중범을 규정하고 있는 형법 각칙의 구성요건들의 법정형이 지나치게 높다는 데에 있습니다. 1995년의 형법 개정을 통해 결과적 가중범의 법정형을 조정했지만 아직도 법정형이 높다는 논란은 계속되고 있습니다. 근본적인 문제부터 해결하는 것이 우선되었으면 하는 아쉬움이 남는 부분입니다.

"가만히 있었는데 살인죄라고?"
작위범과 부작위범

형법의 구성요건은 무엇을 하지 말라고 하거나 무엇을 하라고 하는 내용의 사회적 규범입니다. 앞의 것을 금지규범, 뒤의 것을 요구규범이라고 합니다. 형법의 구성요건은 대체로 금지규범의 형태로 취하고 있습니다. 보통 "…을 한 자는 처벌한다"는 형식으로 되어 있지요. 금지규범을 위반하여 범죄를 저지르는 것을 **작위범**이라 합니다. 반면에 요구규범은 요구된 행위를 하지 않으면 처벌하겠다는 것이고, "…을 하지 않는 자는 처벌한다"는 형식을 취하고 있습니다. 요구규범을 위반하여 범죄를 저지르는 것을 **부작위범**이라 합니다.

이제부터 집중해서 들어보실까요? 우리 형법에는 다중불해산죄, 퇴거불응죄와 같이 일정한 요구규범을 위반한 경우를 처벌하는 규정이 있는데, 이런 경우를 우리는 **진정부작위범**이라고 부릅니다.

제116조(다중불해산)

폭행, 협박 또는 손괴의 행위를 할 목적으로 다중이 집합하여 그를 단속할 권한이 있는 공무원으로부터 3회 이상의 해산명령을 받고 해산하지 아니한 자는 2년 이하의 징역이나 금고 또는 300만 원 이하의

10대를 위한 재미있는 형법 교과서

보통 금지규범을 위반하면 작위범이 되는데, 금지규범을 부작위를
통해 위반하는 경우가 있습니다. 이런 경우는 진정부작위범과 구별하
여 **부진정부작위범**이라고 합니다. 부진정부작위범이 성립하려면 별도
의 요건이 필요합니다. 첫째는 부작위에 의해 실현된 것이 작위에 의
해 실현된 것과 동일하게 평가될 수 있어야 하고, 둘째는 행위자는 보
증인적 지위에 있는 사람이어야 합니다. 보증인적 지위란 결과발생을
방지할 의무를 가진 자를 말합니다. 여기에서는 보증인적 지위와 관련
하여 예를 통해 살펴보지요.

길을 지나가던 정호는 근처 호
수에서 비명소리를 들었습니
다. 돌아보니 사람이 물에
빠져 허우적거리고 있었
습니다. 괜히 번거롭기도
하고 못 본 척하는 것이 편
할 것 같아 그냥 지나쳤습니다.

3장 : 레고 블록 같은 범죄의 구성 체계

얼마 후 물에 빠진 사람은 구조를 받지 못한 채 사망하고 말았습니다. 물에 빠진 사람이 죽었다는 소식을 듣고 정호는 불편한 마음이 들었습니다. 그러나 정호는 무죄입니다. 정호는 물에 빠진 사람에 대해 보증인적 지위에 있지 않습니다. 형법은 이런 상황에서 사람을 구해내라고 요구하지 않습니다. 다시 말해 물에 빠진 사람을 구해내지 않았다고 해서 형법이 여러분을 비난하지 않습니다. 물론 여러분들은 모두 착한 마음을 가지고 있으니까 물에 빠진 사람을 보고서 그냥 지나치지 않고 119에 구조를 요청했겠지요. 그렇다면 이런 경우는 어떨까요?

다섯 살짜리 어린 현아와 아빠는 오랜만에 함께 강변으로 소풍을 나왔습니다. 아빠가 돗자리에 앉아서 도시락을 먹는 사이에 강가에서 놀던 현아가 그만 물에 빠져 죽고 말았습니다. 아빠의 부주의로 딸이

익사한 불행한 일이 벌어진 겁니다. 어린 딸과 강가에 놀러온 경우 아빠는 어린 딸이 물에 빠지지 않도록 주의할 의무가 있는데, 현아의 아빠는 주의의무를 다하지 못한 거지요. 앞의 정호의 사례와는 달리 아빠에게는 딸에 대한 보증인적 지위가 있습니다. 그렇기 때문에 이 사례에서는 정호의 사례와 달리 취급해야 할 필요가 있지요. 딸을 구하지 못한 아빠의 슬픔을 떠나 아빠에 대한 형사처벌이 문제됩니다. 아빠에게는 민법 제913조에 의한 친권자로서 보호의무가 있습니다. 아빠에게는 보호의무로서 물에 빠진 딸을 구조

해야 할 작위의무가 있고, 이러한 작위의무가 있는 아빠는 딸에 대해
보증인적 지위에 있다고 설명할 수 있습니다.

"여럿이 범죄를 저지른다면?"
정범과 공범

　도둑 1, 도둑 2, 도둑 3. 이 세 사람은 사람들이 집을 비우는 명절
기간을 틈타 절도를 모의했습니다. 셋은 주택가를 물색하면서 빈 집을
발견했고 역할을 나눴습니다. 도둑 1은 대문 앞에서 차를 대기하여 달
아나기 쉽게 했고 도둑 2는 현관문 앞에서 망을 보았으며, 도둑 3은 집
에 들어가 물건을 훔쳐왔습니다. 셋 중에 누가 절도범으로 처벌을 받

3장 : 레고 블록 같은 범죄의 구성 체계

게 될까요? 사례에서 보았듯이 사실 범죄를 혼자서 저지르는 경우도 있지만, 여러 명이 범죄에 가담하는 형태도 많습니다. 법은 이런 경우를 어떻게 취급하고 있을까요?

도둑 1, 2, 3 중 물건을 직접 훔친 도둑 3은 절도범이 되는 것은 확실한 것 같은데, 도둑 1과 도둑 2에게도 절도죄를 적용할 수 있는지 궁금합니다. 왜냐하면 분명히 형법 제329조에서는 '타인의 재물을 절취한 자'를 처벌한다고 되어 있지 '망을 본 자'라든가 '차량을 대기시킨 자'를 처벌한다고 되어 있지 않기 때문입니다. 만약 이런 행위도 절도죄로 처벌한다면 죄형법정주의에 어긋나는 것 같습니다. 분명 도둑 1과 도둑 2가 도둑 3의 절도행위를 쉽게 해줬으므로, 뭔가 그에 합당한 처벌이 있어야 할 것 같은데, 지금까지 공부한 내용으로는 결론을 내리기 힘들어 보입니다.

이런 문제를 해결하기 위해 우리는 여기서 여럿이서 저지른 범죄의 형태에 대해 알아보려고 합니다. 어떠한 경우들이 있는지 아래의 그림으로 살펴볼까요?

필요적 공범은 구성요건 자체가 여러 명이 범죄를 저지르는 것을 요구합니다. 예를 들면, 소요죄는 구성요건에 '다중이 집합하여' 폭행, 협박 또는 손괴를 한 경우를 처벌한다고 되어 있습니다. 혼자서는 결코 다중이 될 수 없기 때문에, 소요죄는 혼자서는 범할 수 없는 범죄입니다.

정범이란 범죄를 스스로 실행하고 불법구성요건의 주관적 요소와 객관적 요소를 충족한 자를 말합니다. 쉽게 말해 스스로 범죄를 저지

10대를 위한 재미있는 형법 교과서

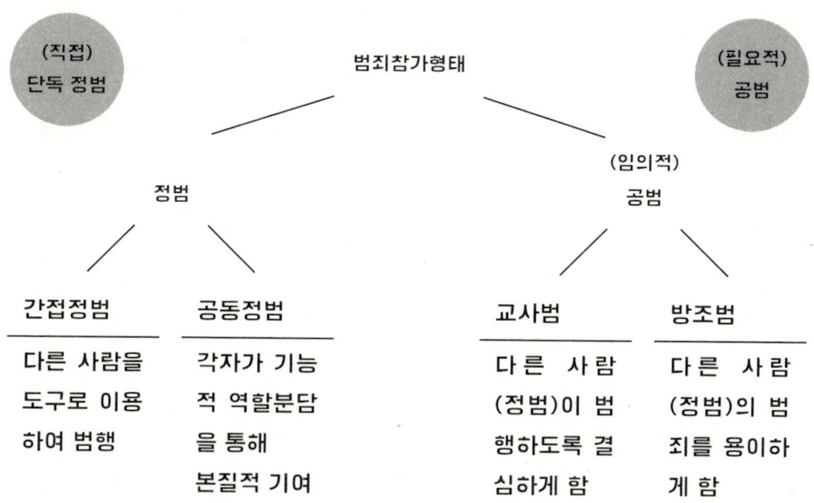

른 사람이 정범입니다. 이전까지 살펴본 내용들은 모두 (직접)단독정범의 경우였습니다. 자기의 범죄를 스스로 실행하면 **단독정범**이 되지만, 각자가 분업하여 중요한 역할을 하면서 함께 범죄를 저질렀다면 **공동정범**이 됩니다.

> **제30조**(공동정범)
>
> 2인 이상이 공동하여 죄를 범한 때에는 각자를 그 죄의 정범으로 처벌한다.

또 정범의 범행에 관여를 하는 사람도 있습니다. 그들은 스스로 범죄를 저지르지는 않지만 정범이 범죄를 저지르도록 결심하게 하거나 범행을 쉽게 할 수 있도록 도와줍니다. 이들을 각각 **교사범**과 **방조범**이라고 부릅니다. 그리고 교사범과 방조범을 묶어 (임의적)공범이라고 부릅니다.

위에 나온 도둑들의 사례를 보면 도둑 1과 도둑 2는 공동정범이 될 수도 있고 공범인 방조범이 될 수도 있습니다. 도둑 1과 도둑 2를 절도죄의 공동정범으로 처벌하려고 하는데, 도둑 1과 도둑 2가 억울하다고 말합니다. 모든 계획과 범행은 도둑 3의 생각이었으며 자신들은 그저 도둑 3의 범행을 도와줬을 뿐이라면서 말입니다.

도둑 1과 도둑 2가 이렇게 억울해 하는 이유는 공동정범인지 공범으로 방조범인지는 형에 있어서 취급이 달라지기 때문입니다. 전체적인 범행 계획, 그리고 망을 보거나 도주할 차량을 준비하는 등의 행위가 없으면 그 범행이 불가능하거나 매우 곤란한 정도라면 공동정범이 되고, 그렇지 않은 경우에는 방조범이 됩니다. 이렇게 공동정범과 교사범을 나누는 기준을 조금 어려운 말로 **기능적 행위지배**라고 합니다. 기능적 행위지배가 인정되면 공동정범이 됩니다. 따라서 차량을 대기시키거나 망을

본 도둑 1과 도둑 2의 행위가 없었더라면 범행이 불가능하거나 매우 곤란하다고 인정할 수 있다면 공동정범으로 처벌을 받게 되겠지요. 그러나 그렇지 않은 경우 이들을 방조범으로 보아 도둑 3보다 낮은 형으로 처벌됩니다.

그 외에도 간접정범이라는 범죄 형태가 있습니다. 어느 병원의 의사는 자신의 원수가 환자로 입원을 하자 그를 살해하기로 결심합니다. 이 의사는 간호사에게 독이 든 주사를 주면서 환자에게 그 주사를 놓으라고 지시했습니다. 간호사는 그 사실을 모른 채 환자에게 주사를 놓았고, 환자는 곧 사망했습니다.

간호사는 아무것도 알지 못했습니다. 또 간호사는 의사의 지시에 따라 업무를 수행하는 사람이기 때문에, 의사는 간호사를 마치 도구처럼 이용한 것과 같습니다. 이를 **간접정범**이라고 합니다. 비록 간호사를 통해 범행을 실행했지만 간호사를 도구로 삼아 자신의 범죄를 실현했기 때문에 살인죄의 (간접)정범이 되는 것입니다. 물론 간호사는 무죄이고요. 그렇다면 다음과 같은 경우는 어떨까요?

의사는 자신의 원수가 환자로 입원하자 그를 살해하기로 결심했습니다. 의사는 간호사에게 이러한 자신의 계획을 밝히면서 '너랑 나만 입 다물면 아무도 모른다'며 독이 든 주사를 놓으라고 지시했습니다. 간호사는 환자에게 주사를 놓았고, 결국 환자는 사망하고 말았습니다.

그런데 앞에 사례와 다르게 이 사례에서는 간호사가 독이 든 주사인 걸 알고 주사했군요. 분명 앞의 간호사의 사례와는 다르게 취급되어야 할 것 같습니다. 독이 든 주사인 줄 알면서 주사한 것은 분명 살인죄의 고의가 있는 것이니까요. 이때 의사는 간호사에게 살인을 하도록 결심하게 했으므로 살인죄의 공범인 교사범이 되고, 간호사는 살인죄의 정범이 됩니다.

제3회 형법능력평가

이웃의 독거노인이 뇌졸중 증세를 보이자 병원으로 옮기기 위해 무면허 운전을 한 한의사가 있습니다. 다행스럽게도 노인은 증세가 호전되었습니다. 그러나 한의사는 면허가 취소된 상태였고, 단속 중이던 경찰에게 무면허 운전으로 발각되었습니다. 검찰은 그를 기소했습니다. 법원은 어떤 판단을 내려야 할까요? 무면허 운전은 곤란하지만 그렇다고 위급한 환자를 그냥 둘 수도 없는 노릇입니다. 여러분은 어떻게 생각하나요?

등교하던 중 아픈 사람을 도와주다 학교에 지각한다고 누가 알아주기나 하나? 난 그러다 지각해서 선생님께 혼난 적이 있어. 그 한의사가 병원에 데려다 준 건 잘한 일이지만, 무면허 운전에 대한 책임은 져야 하지 않겠어? 위급한 상황에 처한 사람을 도와주려 했던 그의 동기를 고려해서 양형을 가볍게 해줄 수는 있겠네.

이 경우에는 구성요건해당성 외에도 위법성 판단을 함께 해줘야 하지 않을까 싶은데. 무면허 운전을 하기는 했지만, 다른 사람의 생명이라는 법익에 발생한 위험을 없애기 위한 행동이니까, 긴급피난의 사례에 해당한다고 봐. 물론 택시를 이용하거나 주변에 운전을 부탁할 수 있는 상황이었다면 모르겠지만, 그렇지 않고 이 경우처럼 오직 그 한의사가 자신의 힘만으로 환자를 도와야 하는 상황이라면 위법성이 조각되어 무죄의 판단을 받겠지.

[92]

4.

많아도
너무 많은
범죄를
간단하게
정리하라

많아도 너무 많은 범죄?
법익을 통한 초간단 분류법

우리가 흔히 ○○죄라고 부르는 것들은 형법의 제2편 각칙에서 규정하고 있습니다. 여러분들이 들어본 범죄는 어떤 게 있나요? 살인죄, 강도죄, 강간죄, 절도죄, 방화죄… 무척 많지요. 더 자세히 살펴보면, 살인죄는 사람의 생명을 보호하기 위한 구성요건입니다. 강도죄나 절도죄는 재산을 보호하기 위한 구성요건입니다. 강간죄는 자유를 보호하기 위한 구성요건이고요. 방화죄는 공공의 안전을 위한 구성요건입니다. 이렇게 범죄구성요건들은 각각 보호하고자 하는 가치나 이익이 있습니다. 이것을 **법익**이라고 부릅니다. 범죄로부터 법을 통해 보호하고자 하는 이익이 바로 법익입니다. 법익은 크게 개인적 법익, 사회적 법익, 국가적 법익으로 분류됩니다.

생명이나 신체, 자유, 재산 같은 법익은 개인을 보호하기 위한 법익입니다. 이런 범죄를 **개인적 법익에 관한 죄**라고 합니다. 또 공공의 안전, 신용, 건강 등과 같이 우리 사회의 일반적 법익을 보호하려는 구성요건도 있습니다. 이런 것들은 **사회적 법익에 관한 죄**라고 합니다. 마지막으로 국가의 존립과 권위 또는 국가의 기능을 보호하기 위한 범죄를 **국가적 법익에 관한 죄**라고 합니다.

형법각칙의 구성요건은 이렇게 법익에 따라 나눌 수 있습니다. 구

10대를 위한 재미있는 형법 교과서

성요건이 너무 많아서 범죄들을 한눈에 볼 수 없었는데, 법익에 따라 아래 표와 같이 정리하니 알아보기 쉽습니다.

형 법		
제1편 총칙		
…		
제2편 각칙		
국가적 법익에 대한 죄	국가의 존립과 권위에 대한 죄	내란의 죄
		외환의 죄
		국기에 관한 죄
		국교에 관한 죄
	국가의 기능에 대한 죄	공무원의 직무에 관한 죄
		공무방해에 관한 죄
		도주와 범인은닉의 죄
		위증과 증거인멸의 죄
		무고의 죄
사회적 법익에 대한 죄	공공의 안전과 평온에 대한 죄	공안을 해하는 죄
		폭발물에 관한 죄
		방화와 실화의 죄
		일수와 수리에 관한 죄
		교통방해의 죄
	공공의 신용에 대한 죄	통화에 관한 죄
		유가증권·우표와 인지에 관한 죄
		문서에 관한 죄
		인장에 관한 죄

4장 : 많아도 너무 많은 범죄를 간단하게 정리하라

개인적 법익에 대한 죄	공중의 건강에 대한 죄	음용수에 관한 죄
		아편에 관한 죄
	사회의 도덕에 대한 죄	성풍속에 관한 죄
		도박과 복표에 관한 죄
		신앙에 관한 죄
	생명과 신체에 대한 죄	살인의 죄
		상해와 폭행의 죄
		과실치사상의 죄
		낙태의 죄
		유기와 학대의 죄
	자유에 대한 죄	협박의 죄
		체포와 감금의 죄
		약취와 유인의 죄
		강요의 죄
		강간과 추행의 죄
	명예와 신용에 대한 죄	명예에 관한 죄
		신용업무와 경매에 관한 죄
	사생활의 평온에 대한 죄	비밀침해의 죄
		주거침입의 죄
	재산에 대한 죄	절도죄
		강도의 죄
		사기의 죄
		공갈의 죄
		횡령의 죄
		배임의 죄
		장물의 죄

10대를 위한 재미있는 형법 교과서

이렇게 많은 범죄를 지금 다 다룰 수는 없고, 대표적인 범죄를 중심으로 몇 개만 살펴보겠습니다. 먼저 형법각칙을 읽는 방법부터 살펴보죠. 조문을 읽을 때는 다음의 3가지에 유의하면서 읽어야 합니다. 누가 누구에게(또는 무엇에 대해서), 어떤 행동을 해서(결과범의 경우), 어떤 결과를 발생시켰는지를 살피며 읽으면 간단하지요. 물론 이런 행동에는 그에 걸맞은 고의 등 주관적 구성요건을 갖추었는지도 검토해야 합니다.

나의 생명, 신체, 자유, 재산을 보호하기 위한 구성요건
개인적 법익에 대한 죄 1: 상해죄와 폭행죄

제257조(상해, 존속상해)

① 사람의 신체를 상해한 자는 7년 이하의 징역, 10년 이하의 자격정

지 또는 1천만 원 이하의 벌금에 처한다.

② 자기 또는 배우자의 직계존속에 대하여 제1항의 죄를 범한 때에는 10년 이하의 징역 또는 1천500만 원 이하의 벌금에 처한다.

③ 전2항의 미수범은 처벌한다.

제260조(폭행, 존속폭행)

① 사람의 신체에 대하여 폭행을 가한 자는 2년 이하의 징역, 500만 원 이하의 벌금, 구류 또는 과료에 처한다.

② 자기 또는 배우자의 직계존속에 대하여 제1항의 죄를 범한 때에는 5년 이하의 징역 또는 700만 원 이하의 벌금에 처한다.

③ 제1항 및 제2항의 죄는 피해자의 명시한 의사에 반하여 공소를 제기할 수 없다.

상해죄와 폭행죄는 모두 사람의 신체를 대상으로 합니다. 제1항의 경우에는 누가 범죄를 저지를 수 있는지에 대해 언급이 없습니다. 따라서 사람의 신체를 상해한 자이거나 사람의 신체에 대하여 폭행을 가한 자는 누구든지 상해죄와 폭행죄의 주체가 될 수 있습니다. 그러나 제2항의 경우에는 제한이 있습니다. 그냥 사람의 신체가 아닌 자기 또는 는 배우자의 직계존속에 대해 상해나 폭행을 가하는 자가 주체가 됩니다. 직계존속은 부모님, 조부모님을 생각하면 됩니다. 그렇기 때문에 행위주체가 직계비속, 즉 부모님의 자식들로 한정됩니다.

현실에서는 상해와 폭행이 한데 어우러져 발생하는 것이 대부분이 므로 이 둘을 분리해서 생각하기는 쉽지 않습니다. 그러나 두 범죄에 는 본질적 차이가 있습니다. 외상, 실신, 보행불능, 수면장애 같이 사람 의 생리적 기능에 이상이 생긴 경우가 상해에 해당합니다. 반면 폭행 은 사람의 신체에 대해 유형력(有形力)을 행사하는 것으로 충분하고 생 리적 기능에 이상이 생겨야 할 필요는 없습니다. 그렇다면 폭행의 결 과 상해가 발생하면 어떻게 될까요? 상해의 결과가 발생했기 때문에 행위자의 고의와 결과 사이에 인과관계를 검토해야 합니다. 상해의 고 의가 없었다고 하더라도 인과관계와 상해라는 결과에 대해 과실이 인 정되면 폭행치상죄에 해당하게 됩니다(제262조).

형법에게 물어봐

Q 상해죄를 규정한 제257조는 제3항에서 미수범을 처벌하는데, 폭행죄를 규정한 제260조에는 왜 미수범 처벌규정이 없는 걸까요?

A 일정한 행위가 그 자체로 범죄로 인정되는 경우가 있습니다. 이것을 거동 범이라고 합니다. 반면 행위의 객체에 대한 결과 발생까지 요구하는 경우가 있는데 이것을 결과범이라고 합니다.

미수범의 개념을 떠올려보면 행위를 다하지 않거나 결과가 발생하지 않 은 경우에 인정된다는 것을 알 수 있습니다. 이것은 범죄에서 행위 외에도 결 과를 요구하고 있다는 것을 전제로 합니다. 즉 미수는 결과범의 경우에 인정 할 수 있는 것입니다.

4장 : 많아도 너무 많은 범죄를 간단하게 정리하라

폭행의 종류

폭행은 형법의 많은 구성요건에서 다루고 있습니다. 폭행은 그 대상이나 정도에 따라 다음과 같이 다양하게 분류할 수 있습니다.

최광의의 폭행	대상을 불문한 유형력의 행사 예) 소요죄, 다중불해산죄
광의의 폭행	사람에 대한 직접, 간접의 유형력 행사 예) 공무집행방해죄, 특수도주죄, 강요죄
협의의 폭행	사람의 신체에 대한 유형력의 행사 예) 폭행죄, 특수공무집행방해죄
최협의의 폭행	상대방의 반항을 불가능하게 하거나 현저히 곤란하게 할 정도의 가장 강력한 유형력의 행사 예) 강간죄, 강도죄

나의 생명, 신체, 자유, 재산을 보호하기 위한 구성요건

개인적 법익에 대한 죄 2: 절도죄와 강도죄

제329조(절도)

타인의 재물을 절취한 자는 6년 이하의 징역 또는 1천만 원 이하의 벌금에 처한다.

제333조(강도)

폭행 또는 협박으로 타인의 재물을 강취하거나 기타 재산상의 이익을 취득하거나 제3자로 하여금 이를 취득하게 한 자는 3년 이상의 유기징역에 처한다.

절도죄와 강도죄 규정에는 주체에 별다른 제한이 없습니다. 절도는 타인의 재물, 강도는 타인의 재물과 재산상의 이익을 대상으로 합니다. 절도는 범인이 스스로 절취하는(훔치는) 행위만 처벌하고, 강도는 범인 스스로 재물을 강취하는(강제력을 동원해서 훔치는) 경우뿐만 아니라 재산상의 이익을 스스로 취득하거나 다른 사람에게 재산상의 이익을 취득하게 하는 경우까지 처벌합니다. 또한 강도는 절도와는 다르게 그 취득을 위해 폭행 또는 협박이라는 수단을 이용합니다. 당연히 재물이나 재산상의 이익 취득은 폭행 또는 협박에 의한 것이라는 인과관계가 있어야 합니다. 따라서 강도가 협박을 했지만 피해자가 '오죽했으면 저러겠나… 그냥 돈 몇 푼 줘서 보내지'라고 생각해서 재물을 건내주면 인과관계가 인정되지 않습니다. 절도의 대상은 될 수 없지만 강도의 대상이 될 수 있는 재산상 이익은 재물과는 어떻게 다른 걸까요?

재물과 재산상 이익	
재물이란? 유체물(흔히 말하는 물건) 관리 가능한 동력 예) 전기	재산상 이익이란? 재물 이외의 재산적 가치가 있는 이익 예) 택시를 타고 이동하는 것

10대를 위한 재미있는 형법 교과서

Q 집은 절도죄의 객체가 될 수 있나요?

A 집과 같은 부동산은 절도죄의 대상인 재물이 아닙니다. 유체물은 일반적으로 관리가 가능하기 때문에 재물로 인정되는 것인데, 여기서 말하는 관리는 사무적 관리가 아니라 물리적 관리를 말하는 것입니다. 예를 들어 전기는 물리적으로 얼마든지 관리가 가능하니까 절도죄의 대상인 재물이 되는 것이죠.

집은 물리적 관리 및 이동이 쉽지 않기 때문에 재물이 아닌 재산상 이익으로 분류되고, 절도죄의 객체가 되지 않습니다.

강도죄의 폭행은 최협의의 폭행입니다. 그리고 협박은 해악의 고지에만 그치는 것이 아니라 상대방의 반항을 불가능하게 할 정도여야 합니다. 협박도 각 범죄마다 정도에 따라 다르게 해석됩니다.

광의의 협박	해악의 고지 예) 소요죄, 다중불해산죄, 공무집행방해죄, 특수도주죄
협의의 협박	해악고지를 통한 공포심 야기 예) 강요죄, 공갈죄, 협박죄
최협의의 협박	상대방의 반항을 불가능하게 하거나 현저히 곤란하게 할 정도의 가장 강력한 협박 예) 강간죄, 강도죄

절도죄와 죄형법정주의

　　오늘날에는 전기도 절도의 대상이 된다는 점에 대해서 어느 누구도 의심하지 않습니다. 그러나 과거에는 죄형법정주의와 관련해 이 문제가 그리 간단하지 않았습니다. 독일의 사례를 통해 이 문제를 살펴보죠. 독일제국법원은 '법률 없으면 형벌 없다'는 죄형법정주의 때문에 전철운행을 위해 설치된 전선에 몰래 다른 전선을 연결해 전기를 무단으로 사용한 행위를 절도죄로 처벌하지 못한다고 판결했습니다(RGSt 32, 165). 이러한 행위가 '파렴치하고 정직하지 못한 행위'이고, 또한 형사처벌이 '윤리적 법감정 및 법익에 대한 부당한 침해로부터 보호받고자 하는 일반 거래생활의 요구에 부응해야 한다'는 사정을 감안하더라도, 이것만으로 이 행위를 처벌하기에는 충분하지 않다고 본 것입니다. 절도를 이유로 벌을 주기 위해서는 당시의 법률 규정에 따라 '타인의 동산을 절취한 행위'여야 하는데(형법 제242조), 전기는 '동산'의 개념에 들어갈 수 없다고 독일제국법원은 판단하고 있습니다. 그래서 입법자는 전기절도를 처벌하기 위해 별도로 형법 제248c조를 새롭게 규정했지요. 그러나 이 새 규정도 전기와 관련된 모든 문제를 다 해결하지는 못했습니다. 그 까닭은 새로운 규정이 '전선을 이용해' 전기를 절취하는 행위라고 밝히고 있어서, 가짜 동전을 투입해 전기로 작동하는 공중전화를 무단으로 이용하는 행위에 대해서는 적용이 어려웠기 때

10대를 위한 재미있는 형법 교과서

문입니다. 다시 한 번 독일제국법원의 판결을 살펴봅시다.

"가짜 동전을 투입함으로써 전기가 연결되도록 한 것이 아니라, 단지 가짜 동전의 무게로 인해 다이얼이 돌아가지 않도록 차단하고 있는 장치가 해제되었을 뿐이다."(RGSt 68, 67f.)

그렇다고 이 행위를 사기죄로 처벌할 수도 없었습니다. 왜냐하면 공중전화기는 자동연결장치를 통해 작동할 뿐, 사기죄에서 규정하고 있는 '기망(진실을 숨겨 상대방을 착오로 빠지게 하는 행위)을 당한 사람'을 확인할 수 없기 때문입니다. 사기죄에 대해 독일 형법 제263조는 "위법한 재산상의 이득을 취할 의도에서 허위의 사실로 타인에게 착오를 불러일으키거나 착오가 지속되도록 한 자"로 규정하고 있어 의심의 여지없이 공중전화기가 착오에 빠질 수 없다는 것이 독일제국법원의 입장입니다. 결국 그와 같은 행위를 무죄로 판결하는 것을 막기 위해 입법자는 형법 제265a조를 신설하여 자동장치가 제공하는 서비스를 사취하는 행위도 처벌하게 되었습니다. 이제 형법총론에서 살펴본 죄형법정주의와 구체적인 법 현실에서 범죄와 형벌 그리고 입법의 관계가 어떻게 서로 맞물리는지 분명하게 알았을 겁니다. 사람에 따라서는 이와 같은 형법의 '사후약방문' 방식의 대응은 날로 발달하는 범죄에 대한 적절한 대처가 아니라고 생각할 수 있겠지만, 죄형법정주의의 원칙을 유지하는 것이 형사법적 정의에 합치한다고 보는 것이 형법학자들의 일반적인 생각입니다.

강도죄의 협박은 최협의의 협박이어야 합니다. 단순히 '그 물건을 당장 내놓아라'라고 소리치는 것만으로는 부족합니다. '그 물건을 당장 내놓지 않으면 죽여버리겠어'라는 해악의 고지와 함께 상대방이 반항을 할 수 없을 정도의 협박이어야 합니다.

물론 주관적 구성요건요소인 고의도 필요합니다. 그런데 다른 사람의 물건을 훔친다는 행동을 할 때에는 ① 다른 사람의 소유권을 배제시킨다는 것, 그리고 ② 그 물건을 마치 내 것처럼 이용하고 처분하려는 의사를 갖습니다. 따라서 재산범죄에 있어서는 고의 외에도 추가로 주관적 요소를 요구합니다. **불법영득의사** 또는 **불법이득의사**가 그것입니다.

형법에게 물어봐

Q 물건을 부수려는 의사만 있는 경우에도 불법영득의사로 인정될 수 있나요?

A 침해하려는 의사만 있었다면 불법영득의사는 인정되지 않습니다. 이런 취지에서 형법의 재산범죄 중에서도 손괴죄와 장물죄에서는 불법영득의사를 요구하지 않습니다.

제328조(친족 간의 범행과 고소)

① 직계혈족, 배우자, 동거친족, 동거가족 또는 그 배우자 간의 제323

10대를 위한 재미있는 형법 교과서

조(권리행사방해)의 죄는 그 형을 면제한다.

② 제1항이외의 친족 간에 제323조의 죄를 범한 때에는 고소가 있어야 공소를 제기할 수 있다.

③ 전2항의 신분관계가 없는 공범에 대하여는 전2항을 적용하지 아니한다.

재산범죄에는 친족 간 범죄에 대해 형을 면제하거나 고소가 있어야만 공소를 제기할 수 있도록 하는 규정이 있습니다. 가정 내에서 발생한 범죄에 대해서는 국가는 되도록 개입하지 않겠다는 태도입니다. 이것을 **친족상도례**라고 부릅니다. 친족상도례는 강도죄와 손괴죄를 제외한 모든 재산범죄에 적용됩니다.

사회의 일반적인 법익을 보호하기 위한 범죄
방화죄

제164조(현주건조물 등에의 방화)

① 불을 놓아 사람이 주거로 사용하거나 사람이 현존하는 건조물, 기차, 전차, 자동차, 선박, 항공기 또는 광갱을 소훼한 자는 무기 또는 3년 이상의 징역에 처한다.

② 제1항의 죄를 범하여 사람을 상해에 이르게 한 때에는 무기 또는 5년 이상의 징역에 처한다. 사망에 이르게 한 때에는 사형, 무기 또는 7년 이상의 징역에 처한다.

현주건조물방화죄의 보호법익은 무엇일까요? 우리 집 또는 자동차가 불타버렸으니 재산적 가치를 보호하는 것일 수도 있습니다. 또 불이 난 학교에 있던 학생들이 죽을 뻔했으니 생명을 보호하기 위한 것일 수도 있습니다. 그러나 방화죄가 1차적으로 보호하려는 법익은 **공공의 안전**입니다. 대신 재산적 가치는 타인소유물인지 자기소유물인지에 따라 법정형을 다르게 규정하는 것으로 평가를 반영했습니다.

현주건조물방화죄에는 특별히 주체에 제한이 없습니다. 객체는 사람이 현존하는 건조물, 차량, 선박, 항공기나 광갱(광물을 파내기 위하여 땅속으로 파 들어간 굴)이고, 행위는 소훼(불에 태워 없앰)입니다. 그 행위에 이어서 상해나 사망의 결과가 있으면 인과관계와 과실이 있었는지를 검토하여 현주건조물방화치상 또는 현주건조물방화치사죄로 처벌됩니다.

국가의 존립, 권위, 기능을 보호하기 위한 구성요건

공무집행방해죄

제136조(공무집행방해)

① 직무를 집행하는 공무원에 대하여 폭행 또는 협박한 자는 5년 이하의 징역 또는 1천만 원 이하의 벌금에 처한다.

② 공무원에 대하여 그 직무상의 행위를 강요 또는 저지하거나 그 직을 사퇴하게 할 목적으로 폭행 또는 협박한 자도 전항의 형과 같다.

4장 : 많아도 너무 많은 범죄를 간단하게 정리하라

Q 공무집행방해죄(제136조 제1항)의 주체와 객체와 행위를 구별해 볼까요?

A 주체는? (누구나, 공무원)

객체는? (직무를 집행하는 공무원, 공무원, 사람)

행위는? (폭행, 협박, 폭행 또는 협박, 욕설)

공무집행방해죄의 주체와 객체 그리고 행위를 구별해 볼 수 있었나요? 행위 주체에는 별다른 제한이 없고 행위 객체는 직무를 집행하는 공무원입니다. 그런데 체포할 때에 체포 이유와 변호인 선임권 등에 대한 고지를 하지 않는 불법 체포나 영화나 드라마에서 자주 등장하는 고문 등의 행위에 저항하는 것도 범죄를 구성할까요? 공무원이 권한 밖의 행동을 하거나 적법한 절차와 방식을 위반한 행위를 하는 경우 이 조항은 당연히 적용될 수 없습니다.

강도죄에서 폭행, 협박이 범죄마다 다르게 쓰인다는 것을 설명했습니다. 공무집행방해죄의 폭행, 협박은 어떻게 해석될까요? 파출소에 인분을 뿌린 것을 이 죄의 폭행으로 인정한 법원의 판결이 있습니다. 공무집행방해죄의 폭행은 최광의의 폭행, 협박은 광의의 협박으로 해석하고 있습니다. 따라서 적용범위가 매우 넓습니다.

태양을 피하는 게 쉬울까?
형법의 망을 피하는 게 쉬울까?
비범죄화/범죄화 그리고 경범죄처벌법

4장에서는 형법각칙의 구성요건 중 일부를 살펴보았습니다. 그런데 형법이 아닌 다른 법률에도 범죄를 규정하고 이에 따른 처벌을 명시한 경우가 있습니다. 예를 들어 상법에서 특별배임죄를 두거나 「정보통신망 이용촉진 및 정보보호 등에 관한 법률」에서 이른바 사이버 명예훼손죄를 두는 경우가 그렇습니다. 또 이미 형법에 규정된 범죄를 더욱 엄하게 처벌하기 위한 법률도 있습니다. 「특정범죄 가중처벌 등에 관한 법률」, 「폭력행위 등 처벌에 관한 법률」 같은 것이 그렇습니다. 이렇듯 시간이 지나고 사회나 문화, 과학과 기술 등이 발달하면서 형법이 규정하는 범죄는 많아지고 처벌도 강력해집니다.

물론 범죄로 처벌하던 행위가 더 이상 범죄가 아닌 것으로 바뀌기도 합니다. 우선 법률의 폐지나 변경을 통해 그런 경우가 있습니다. 혼인빙자간음죄는 2009년의 헌법재판소 결정을 통해 위헌 결정을 받고 2012년 개정 형법에서 규정을 삭제했습니다. 다른 한편, 법률은 폐지되지 않았는데 없는 취급을 받는 경우도 있습니다. 낙태죄가 버젓이 형법에 규정되어 있지만 사실상 무시되고 있는 것이 그 예입니다. 그렇지만 사람들은 이미 규정된 범죄를 없애는 것을 두려워하기 마련입니다. 그래서인지 규정된 범죄가 더 이상 범죄가 아닌 것으로 취급받는 경우는 많지 않아 보입니다.

오래전부터 존재한 범죄 유형 중에는 경범죄처벌법의 구성요건처럼 '뭘 이런 것까지 국가가 간섭하나' 싶은 것도 있습니다. 경범죄처벌법을 엄격히 적용하면 칼을 갖고 다니는 것도 범죄이고, 전단지를 붙이는 것도 범죄가 됩니다. 문신을 내놓고 다니는 것, 심지어 구걸을 하는 것도 범죄가 됩니다.

형벌권을 쥐고 있는 국가가 국민을 아이 대하듯이 이래라저래라하는 것을 후견주의라고 합니다. 그것은 약자를 보호하는 순기능을 지닐 수도 있지만, 사소한 행동까지도 규제하는 형식으로 나타날 수 있습니다. 지나친 후견주의는 자칫 개인생활에 지나치게 간섭하여 자유의 영역을 줄어들게 할 수 있습니다. 여기에 개별 법률에서 규정한 많은 범죄까지 생각하면 숨이 막힙니다. 그리고 같은 범죄도 더 무겁게 처벌하기 위한 특별법까지. 과연 태양을 피하는 것과 촘촘히 펼쳐진 형법의 망을 피하는 것 중 어느 것이 쉬울까요? 갈수록 늘어나는 법률상의 범죄 유형이 필요한 것인지 지나친 것인지를 항상 생각해야 합니다.

구성요건 변화의 예

형법이 어떤 가치를 보호하기 위해서는 그 법익을 침해하는 행위를 금지하는 규정을 법전에 성문화시켜야 합니다. 그게 바로 구성요건이죠. 그러므로 형법 각칙의 구성요건은 법익보호의 체계라고 할 수 있습니다. 2013년 6월부터 시행된 개정 형법은 '강간과 추행의 죄'의 객체를 여성을 지칭하는 표현에서 성중립적 표현으로 바꾸고, 강간과 추행의 죄, 약취와 유인의 죄에 적용했던 친고죄 조항을 폐지했습니다. 다음은 개정 형법의 강간의 죄 규정입니다. 개정 형법에서는 제297조 강간죄의 객체를 '부녀'에서 '사람'으로 바꾸고, 제297조의2에 유사강간죄를 신설한 것이 달라진 점입니다.

제297조(강간) 폭행 또는 협박으로 사람을 강간한 자는 3년 이상의 유기징역에 처한다.

제297조의 2(유사강간) 폭행 또는 협박으로 사람에 대하여 구강, 항문 등 신체(성기는 제외한다)의 내부에 성기를 넣거나 성기, 항문에 손가락 등 신체(성기는 제외한다)의 일부 또는 도구를 넣는 행위를 한 사람은 2년 이상의 유기징역에 처한다.

시간과 장소에 구애를 받지 않는 스마트폰의 특성 때문에 특정학생을 집단적으로 괴롭히는 데 스마트폰 모바일 메신저가 악용되고 있습니다. 모바일 메신저를 이용한 신종 사이버 따돌림이 성행하면서 일명 '사이버 불링(cyber bullying)'이 심각한 수준입니다. 이는 인터넷과 휴대전화 등 정보통신기기를 이용하여 특정학생들을 지속적·반복적·심리적으로 공격하거나 특정학생과 관련된 개인정보 또는 허위사실을 유포해 상대방이 고통을 느끼도록 하는 것입니다. 안티카페와 SNS 등에서 집단채팅에 초대한 다음 단체로 나가버린다거나 집단채팅에 초대해 놓고 투명 인간처럼 무시하는 형태를 보입니다. 사이버 불링은 일반적인 집단따돌림과 달리 가해자를 알기 어려울뿐더러 시간과 공간을 넘어 빠르게 확산된다는 특징이 있습니다. 그리고 시간이 지난다고 약해지지 않기 때문에 더 심각하다고 볼 수 있습니다.

국내에서 사이버 불링에 대한 피해가 증가하면서 최근에 이르러서야 이에 대한 관심이 모아지고 논의가 이루어지고 있으나, 사이버 불링을 규제할 수 있는 독자적인 법률은 존재하고 있지 않습니다. 그나마 「학교폭력처벌법」에서는 사이버 불링을 사이버 따돌림으로 정의하고 있지만, 단순히 따돌림으로 정의하기에는 폭행, 협박, 명예훼손 등의 행위가 복합적인 모습을 보이고 있습니다. 일찌감치 미국에서는 기존 법률로만 규제하기에는 어려움을 겪은 후 사이버 불링을 처벌하는 법률을 제정하여 시행하고 있습니다. 이에 우리나라에도 미국과 같이 사이버 불링 금지 법안을 만들어야 한다는 목소리가 높아지고 있습니다.

사회와 과학기술의 변화가 낳은 새로운 폭력, 사이버 불링! 그게 나쁜 행동인 것은 사실이지만 범죄구성요건이 되기 위해서는 범죄화 기준이 필요합니다. 그것은 '법익보호원칙'인데요. 다음 대화를 들어보고 사이버 불링이 범죄가 될 수 있는지 생각해봅시다.

우선 형법의 과제 중 하나는 법익을 보호하는 것인데, 법익이 확정되어야 입법도 하고 구성요건의 해석도 가능해. 사이버 불링죄의 구성요건은 피해 받은 학생을 보호하기 위한 것이어야 할까? 아니면 건전한 SNS문화 조성을 보호하기 위한 것이어야 할까? 만일 건전한 SNS문화 조성이 보호법익이라면 실제로 사이버 불링을 당한 학생에게 피해가 없어도 범죄는 성립하겠지.

모든 법익 침해가 있다고 다 범죄가 되는 건 아니지. 계약 위반은 민법에서 손해배상책임을 지우는 것으로 끝나. 법익 침해는 '중대한' 것이어야 해. 계약 위반은 중대한 법익침해는 아니라는 판단을 받은 거야. 민법이나 행정법으로 해결할 수 있는 방법은 없을까?

[116]

5.

인터뷰로
살펴본
형사제재

안녕하세요. 〈'다른' 신문〉 학생기자 최정호입니다.

법원에 의해 유죄가 인정된 범죄에 대해서는 형사제재가 가해집니다.

오늘은 형사제재의 전문가 교수님 한 분을 모시고 이 부분에 대해 이야기를 나누어 보도록 하겠습니다.

최 기자 안녕하세요, 교수님!

교수 안녕하세요.

최 기자 우선 우리나라에서 적용되는 형벌의 종류부터 말씀해주시겠어요?

교수 우리나라에는 9가지의 형벌이 규정되어 있습니다. **형벌**은 대표적인 형사제재입니다. 다들 죄형법정주의를 아시죠? 법률에 규정된 종류와 내용에만 형벌을 부과할 수 있습니다. 따라서 다음 표에 보이는 9가지만 형벌입니다. 그런데 최근에는 징역과 금고의 구별을 없애고 단일한 자유형으로 형벌제도를 단순화하고자 하는 움직임이 있습니다. 형벌도 시대에 맞게 조정하고자 하는 것이지요.

제41조(형의 종류)

형의 종류는 다음과 같다.

1. 사형

2. 징역

3. 금고

4. 자격상실

5. 자격정지

6. 벌금

7. 구류

8. 과료

9. 몰수

사형은 생명을,

징역 · 금고 · 구류는 자유를,

벌금 · 과료 · 몰수는 재산을,

자격상실 · 자격정지는 명예를 침해합니다.

최 기자 아… 그렇군요. 그런데 형벌은 침해를 내용으로 하기 때문에 뭔가 매우 폭력적인 것처럼 들립니다.

교수 맞습니다. 아마도 먼 옛날에는 자기가 받은 침해에 대해서는 복수를 했을 것입니다.

하지만 국가와 같은 집단을 이루고 살면서 이야기가 달라집니다.

전제군주든, 민주적 국가의 사법부이든 범죄자에 대한 폭력을 행사할 수 있는 것은 권력을 가진 자의 독점적 권한이 됩니다. 그 과정에서 복수의 모습도 변화했습니다. '눈에는 눈, 이에는 이'라는 말을 들어보셨죠? 흔히 눈을 찌른 자는 똑같이 눈이 찔려야 한다는 식으로 이해하지만 사실 그런 뜻이 아닙니다. 그것은 눈을 찌른 자의 목을 쳐서는 안 된다는, 무자비한 복수를 막아내려는 시도입니다.

또 신체를 절단하는 등의 잔인한 형벌은 점점 자취를 감추게 됩니다. 그러면서 자유형이 형벌의 중심에 섭니다. 더 최근으로 오면 자유형의 폐단이 드러나고, 사회에서 경제적 가치가 중시되면서 재산형의 비중이 전보다 높아졌습니다. 그렇게 오늘날의 형벌의 모습이 탄생합니다. 강제적이고 응보적인 것이 형벌의 본질임은 변함이 없습니다. 다만 모습을 변화시켜왔고, 합리적 대응을 위해 제한해왔을 따름이죠.

최 기자 음… 그러면 국가가 이런 형벌을 부과하는 목적은 도대체 뭘까요?

교수 좋은 질문입니다. 어려운 질문이라 간단히 대답하긴 어렵지만요. 형법학뿐만 아니라 헌법, 철학에서도 형벌에 대한 관심은 매우 높습니다. 형벌의 본질이나 목적에 대해서는 오랜 논의가 있었습니다. 계몽시대 이후의 논의에서 형벌은 그 자체가 목적이라고 하는 **절대설**이 지배적이었습니다. 절대설은 범죄인의 인권보장에 탁월한 면을 보입니다. 이것은 오늘날에도 여전히 중요한 의미를 가지고 있는 **책임원**

칙에서 잘 나타나고 있습니다. 책임원칙에 따르면 형벌은 책임에 근거해야만 하고, 범죄자는 그의 책임을 넘어서는 형벌을 받을 수 없습니다.

그러나 19세기 후반 산업혁명 시기를 거치면서 논의가 복잡해집니다. 이 시기에는 **상대설**이 새롭게 등장하면서 형벌의 목적을 둘러싸고 격렬한 논쟁이 벌어지기도 했습니다. 상대설이 보기에 형벌은 그 자체가 목적이 아니라 범죄를 방지하기 위한 예방의 수단입니다. 그것은 형벌을 통해 일반인이 범죄를 저지르지 않도록 하고(**일반예방**), 범죄자가 재범을 하지 않도록(**특별예방**)하는 것을 내용으로 합니다. 형벌이 사회에 어떤 이익을 주지 않는다면 누구든지 정당성에 의문을 품을 것입니다. 그러나 상대설을 강하게 관철시킬 경우 범죄 예방을 위해서는 어떤 가혹한 행위도 정당화할 수 있다는 엄청난 위험성이 나타나기도 합니다.

각각의 이론이 좋은 점과 나쁜 점을 갖고 있기에 서로의 단점을 다른 이론을 통해 보완하는 것으로 이 싸움은 잠정적인 결론에 도달했습니다. 그리하여 형벌은 본질적으로 응보이고, 그 목적은 범죄인의 개선·교화와 같은 특별예방에 있지만, 그럼에도 형벌의 양이 책임의 양을 넘어서지 못한다는 식으로 오늘날에는 어느 정도 이 논의를 매듭짓고 있습니다. 그럼에도 불구하고 그러한 잠정적인 결론 아래에서는

잠재적인 논쟁의 불씨가 여전히 남아 있다고 할 수 있지요. 그러니까 이러한 논의는 과거의 유물이 아니라, 오늘날에도 여전히 의미와 가치를 갖습니다. 응보, 예방과 같은 이론의 비중도 달라지고, 입법기관이 이러한 이론을 종종 무시하기 때문입니다. 매일 보도되는 사건을 보면서 **양형**★문제에 대해 우리가 펼치는 일상의 논쟁은 실상 절대설-상대설의 논쟁과 크게 다르지 않습니다.

최 기자 아, 그렇군요. 역사는 언제나 우리에게 지혜를 주는 것 같습니다. 다른 질문 드릴게요. 최근 '양형'이 사회적 이슈로 떠오르고 있습니다. 이 부분에 대한 설명 부탁드리겠습니다.

교수 우선 형벌의 양을 정하는 '형의 양정'에 대한 말씀부터 드려야겠습니다. 다음 법조문을 먼저 볼까요?

제250조(살인, 존속살해)

① 사람을 살해한 자는 사형, 무기 또는 5년 이상의 징역에 처한다.

제329조(절도)

타인의 재물을 절취한 자는 6년 이하의 징역 또는 1천만 원 이하의 벌금에 처한다.

10대를 위한 재미있는 형법 교과서

두 구성요건에서 "또는"이라고 한 것으로 보아 살인을 했다고 반드시 사형에 처하는 것은 아닙니다. 유기징역의 상한은 30년이니까 "5년 이상의 징역"은 "5년 이상 30년 이하의 징역"을 뜻하고 "1천만 원 이하의 벌금"은 "5만 원 이상 1천만 원 이하의 벌금"을 뜻합니다. 이러한 형의 상한이나 하한은 형법총칙에 규정되어 있습니다.

이처럼 형법각칙에 규정된 형벌은 종류와 폭으로 규정된 것이 다수입니다. 여기에서 선택 가능한 형벌 중 어떤 것을 또 어느 정도로 부과할지를 정하는 절차가 필요하게 됩니다. 배고파서 빵을 훔친 사람과 빵가게 주인을 골탕 먹이려고 빵을 훔친 사람의 형량은 달라야 한다는 것은 누구나 알 수 있습니다. 이처럼 법관이 구체적인 행위자에 대해 선고할 형을 정하는 것을 **형의 양정**이라고 합니다.

형의 양정은 다음과 같은 순서로 진행됩니다. 우리가 3장에서 살펴본 사례 중에서, 그러니까 왕비가 백설공주를 살해하려다가 스스로 그만둔 살인죄의 중지미수를 예로 들어 살펴보겠습니다.

법정형:

개개 구성요건에 규정되어 있는 형벌

"사형, 무기 또는 5년 이상의 징역"

⇩

처단형:

형벌의 종류를 선택하고 필요한 가중 · 감경을 한 것

"5년 이상 (30년 이하)의 징역"

중지미수 필요적 감경(제26조)

유기징역에 대한 필요적 감경은 그 형기의 1/2(제55조 제1항 3호)

="2년 6개월 이상 15년 이하의 징역"

⇩

선고형:

처단형의 범위 내에서 구체적으로 형을 양정하여 피고인에게 선고
(양형)

최 기자 아하! 최근 이슈가 되는 양형은 바로 선고형 단계를 말하는 것이군요!

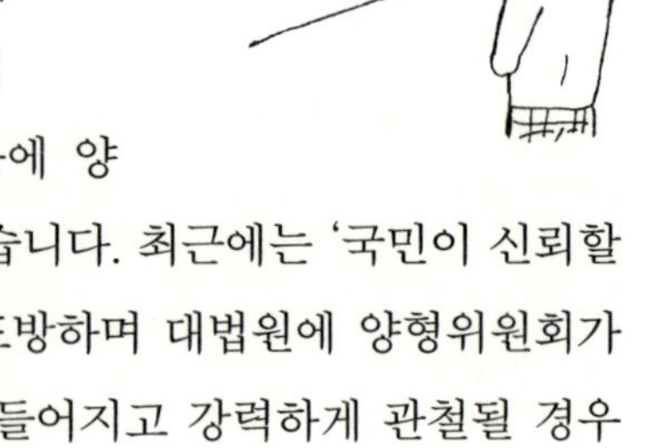

교수 그렇습니다. 양형에 참작할 기준은 형법 제51조에 정하고 있습니다. 그렇지만 기준이 추상적일 수밖에 없고 각각의 사건은 고려해야 할 사정이 많다는 것이 문제입니다. 그렇기 때문에 양형은 어렵고, 투명성을 담보하기 어렵습니다. 최근에는 '국민이 신뢰할 수 있는 공정하고 객관적인 양형'을 표방하며 대법원에 양형위원회가 활동 중입니다. 그러나 양형기준이 만들어지고 강력하게 관철될 경우 사건의 구체적 타당성을 실현하기 어려울 것입니다.

10대를 위한 재미있는 형법 교과서

최 기자 무엇 하나 쉬운 게 없네요. 항상 하나를 추구하면 다른 것을 포기해야 하는군요. 다음 질문 드리겠습니다. 종종 언론보도에서 '누가 가석방되었다', '집행유예'로 풀려났다는 식의 기사를 보게 됩니다. 왜 잡아놓고 풀어주는지 이해가 잘 가지 않는데요. 이 부분에 대해 설명해주세요.

교수 네. 일정한 경우 형법은 유예제도를 두고 있습니다. 유예란 한마디로 '미루는 것'입니다. 형의 선고를 미루기도 하고, 선고 후에 집행을 미루기도 합니다. 여기에는 아래와 같이 선고유예, 집행유예의 2가지가 있습니다. 또 가석방제도를 두어 이미 형이 집행되는 도중에도 남은 형기의 집행을 미루기도 합니다. 구체적인 요건은 법조문을 참고하세요.

제59조(선고유예의 요건)

① 1년 이하의 징역이나 금고, 자격정지 또는 벌금의 형을 선고할 경우에 제51조의 사항을 참작하여 개전의 정상이 현저한 때에는 그 선고를 유예할 수 있다. 단, 자격정지 이상의 형을 받은 전과가 있는 자에 대하여는 예외로 한다.

② 형을 병과할 경우에도 형의 전부 또는 일부에 대하여 그 선고를 유예할 수 있다.

제62조(집행유예의 요건)

① 3년 이하의 징역 또는 금고의 형을 선고할 경우에 제51조의 사항을 참작하여 그 정상에 참작할 만한 사유가 있는 때에는 1년 이상 5년 이하의 기간 형의 집행을 유예할 수 있다. 다만, 금고 이상의 형을 선고한 판결이 확정된 때부터 그 집행을 종료하거나 면제된 후 3년까지의 기간에 범한 죄에 대하여 형을 선고하는 경우에는 그러하지 아니하다.

② 형을 병과할 경우에는 그 형의 일부에 대하여 집행을 유예할 수 있다.

제72조(가석방의 요건)

① 징역 또는 금고의 집행중에 있는 자가 그 행상이 양호하여 개전의 정이 현저한 때에는 무기에 있어서는 20년, 유기에 있어서는 형기의 3분의 1을 경과한 후 행정처분으로 가석방을 할 수 있다.

② 전항의 경우에 벌금 또는 과료의 병과가 있는 때에는 그 금액을 완납하여야 한다.

유예제도, 가석방제도를 두는 이유는 범죄인이 형의 집행을 받지 않으면서 스스로 사회에 복귀할 수 있는 길을 열어두기 위함입니다. 모두 특별예방사상을 우위에 둔 제도입니다. 그러나 실제 우리의 인식은, 그리고 몇몇 사례를 보면 유예제도나 가석방제도가 '일찍 풀려나는' 것으로 취급되어 원래의 취지를 무색케 할 때가 있습니다.

그저 풀어주는 것이 원래 취지가 아니라는 것은 다음에서도 알 수 있습니다. 위와 같이 집행유예, 선고유예 및 가석방을 선고할 때에는 보호관찰 등 사회 복귀에 필요한 조치를 받기도 합니다.

선고유예 후 2년이 경과하면 공소가 면제되는 것으로 보고, 집행유예나 가석방이 취소되거나 실효되지 않고 일정한 기간이 지나면 형의 선고가 효력을 잃거나(집행유예), 형의 집행을 다한 것으로(가석방) 됩니다. 반면, 기간 중에 보호관찰 등에 따른 준수사항을 위반하거나 각 제도에서 정하는 범죄가 발각되면 취소 또는 실효되어 유예한 형이 선고되거나(선고유예), 형이 다시 집행(집행유예, 가석방)됩니다.

최 기자 2013년 1월 3일, 법원이 처음으로 화학적 거세를 명령했다고 합니다. 형법에 규정된 9가지 종류의 형벌에 화학적 거세는 해당되지 않는데, 이런 건 뭐라고 해야 하나요?

> "법원이 처음으로 성범죄자에 대한 성 충동 약물치료(화학적 거세)청구를 받아들였다.
> … 서울남부지법 형사11부[는]… 징역 15년에 위치추적전자발찌 부착 20년, 신상정보공개 및 고지 10년, 성 충동 약물치료 3년을 선고했다(2012고합538등)."
>
> -법률신문 2013.1.3.

교수 그렇지요. 형벌이 유일한 형사제재는 아닙니다. 위 기사에 나타난 것처럼 위치추적전자발찌 착용, 신상정보공개, 성 충동 약물치료 등은 모두 형사제재에 속합니다. 그렇지만 형벌은 아니지요. 이들을 **보안처분**이라고 합니다. 흔히 형벌과 보안처분의 차이는 이렇게 설명됩니다.

"형벌은 과거의 책임에 대한 응보적 제재이고, 보안처분은 장래의 위험성에 대한 예방적 제재이다."

제가 보기에 이는 반은 맞고 반은 틀렸습니다. 보안처분은 기존 형벌이 사회 방위에 불충분했다는 문제의식에서 등장했습니다. 책임주의가 적용되는 형벌로는 범죄인에 대한 교정·교화가 불충분할 수 있습니다. 예를 들어 성품과 행실을 교정하기에 필요한 시간이 10년인데, 그의 책임의 양은 8년의 징역에 해당하는 경우가 문제였던 겁니다. 또 책임무능력자에 대해서는 처음부터 형벌이 적용될 수 없습니다. 범죄가 성립하지 않으니까요. 그런 점에서는 위 설명이 맞습니다.

그러나 현재의 형벌은 엄격한 의미의 응보형이 아닙니다. 형벌도 예방 목적을 함께 고려하고, 보안처분도 과거의 범죄를 문제 삼습니다. 따라서 보안처분이 형벌과 명확히 구분되는 것은 아닙니다.

어떻게 보면 형벌과 보안처분은 이름 붙이기 나름일 수도 있습니다. 이른바 화학적 거세는 보안처분입니다. 그러나 실질은 과거 야만적인 형벌이 가능하던 시대의 신체형과 다를 바 없습니다. 우리나라에서 전자발찌는 보안처분으로서 도입되었습니다. 그러나 원래는 교도소 과밀에 따른 수용공간 부족과 세금 절약의 차원에서 징역형(형벌)

10대를 위한 재미있는 형법 교과서

에 대한 대체 수단으로서 미국에서 도입된 것입니다.

최 기자 보안처분이 형벌이 아니라면 책임원칙은 배제되겠군요.

교수 맞습니다. 그렇지만 보안처분이 장래의 위험성에 대한 제재라는 이유로 무한정 인정될 수는 없습니다. 형벌에 책임주의가 적용되듯 보안처분에는 **비례성 원칙**★이 적용됩니다. 비례성 원칙을 통해 보안처분이 무한정 장기화되는 것 등을 막을 수 있습니다.

최 기자 그런데, 왜 제한해야 하는 거죠? 형벌을 통해서도 교정·교화가 되지 않는 사람에게 적용되는 것이 보안처분이라면서요. 이런 위험한 사람들이 인권이라는 이름으로 풀려나서 우리와 함께 거리를 활보한다는 게 옳은 건가요?

교수 근대사회에서 이성이 강조되면서부터, 적어도 표면적으로는 '그들'(범죄자)도 우리 사회의 일원으로 취급했습니다. 그들은 다만 잠시 일탈한 것뿐이고, 다시 보듬어서 '우리'의 품으로 돌아올 수 있는 사람이었습니다.

하지만 최근 범죄자를 보는 시각은 예전과 달라진 것 같습니다. 일반인들이 보기에 그들은 사회의 '적'이며 '괴물'입니다. 속히 그들을 제거해서 우리를 안전하게 해야 한다는 것이 최근의 경향입니다.

물론 과거에 비슷한 견해를 제시한 철학자가 있었습니다. 예를 들어 칸트는 공동의 법을 준수하는 상태에 동참하지 않는 사람은 사라져야 하고 "적으로 취급"할 수 있다고 했습니다. 또 현재 독일에서 활동하는 형법학자 가운데에도 근대사회에 발달한 이성적 형법('시민형법')은 오직 '시민'들에게만 적용되는 것이고, 이 사회의 '적'에게는 '적대형법'이 적용된다는 주장을 펼친 분도 있습니다. 이런 관점을 유지한다면 범죄자들은 위험한 존재로서 사회에서 영원히 격리시켜도 좋다고 볼 수 있습니다. 어쩌면 죽여 버리는 편이 나을지도 모르죠. 평생 교도소에서 먹여주고 재워준다니 그 비용을 왜 사회가 짊어지느냐는 것이지요. 어떻게 생각하시나요?

최 기자 그러니까요. 200년 전과 지금은 상황이 변했습니다. 당연히 강력하게 처벌해야죠.

교수 아니요. 이 부분에 대해서는 조금 더 생각해보아야 합니다. 2007년부터였습니다. 우리나라에서 아동을 대상으로 한 성범죄가 사회적 이슈로 떠올랐습니다. 이후 연쇄살인이나 '묻지마 범죄'와 같은 극악무도한 범죄를 보며 사람들은 분노를 금치 못했습니다. '사이코패스'와 같은 전문용어가 일상생활에서 쓰이기 시작했습니다.

그 결과 위치추적 전자장치, 성 충동 약물치료, DNA 채취 및 데이터베이스화의 근거를 마련하는 많은 특별법이 생겨났습니다. 그리

10대를 위한 재미있는 형법 교과서

고 이런 제도는 처음 도입할 때 보다 적용범위가 넓어지고 있습니다. 2010년의 형법 개정으로 유기징역의 상한은 30년, 가중될 경우 50년까지 상향 조정되었습니다. 18대 국회 회기 만료로 자동 폐기된 2011년의 형법총칙 개정안에는 보호감호를 부활시키는 내용이 포함되어 있기도 했습니다. 또 15년간 집행되지 않은 사형을 다시 집행해야 한다는 목소리가 높아졌습니다.

최 기자 그러나 다수의 형법학자들은 이런 흐름에 비판적인 것 같습니다. 정말로 책만 봐서 현실을 모르기 때문인가요?

교수 아니요. 그건 결코 아닙니다. 형법은 최후수단입니다. 형법을 투입하는 것에 앞서 다른 사회적 장치들을 활용할 수 있는지를 검토하는 것이 순서입니다.

'도가니' 사태를 보면서 우리는 왜 장애인들은 시설에 모여 살 수밖에 없었는가? 정상적인 운영을 위한 감독체계는 왜 작동을 하지 않았는가? 왜 처음 사건화 되었을 때 정식 형사절차를 밟지 못했는지를 볼 수 있어야 합니다. 마찬가지로 '묻지마 범죄'를 보면서 그들은 왜 사회의 '낙오자'가 되었으며, 다시 정상적 생활을 하는 것은 어째서 불가능했는가를 볼 수 있어야 합니다. 재범률이 높아지는 것에 대해 이런저런 다른 수단을 더 투입하기 전에, 왜 교도소가 제 기능을 못했는지를 보아야 합니다. 그리고 이 문제들을 먼저 고쳐나가는 것이 순서입니다.

최 기자 물론 범죄자들 중에는 불쌍한 사람들도 있습니다. 하지만 같은 환경에서 많은 사람들이 범죄를 저지르지 않고 착하게 사는 사람도 있습니다. 그런데도 왜 그들의 잘못을 다른 모든 사람의 잘못으로 바꾸어버리는 거죠?

교수 오해가 있으시군요. 저는 그런 식으로 말씀드린 적이 없습니다. 어떤 범죄의 이면에 있는 사회적 문제점에 대해 사람들이 아예 관심도 안 갖는 것 같아서 드리는 말씀입니다. 그들이 어렸을 때 버림받았고, 성폭력을 당했으며, 사회에서 제 역할을 못하고 있으니 무조건 용서해주라는 것이 아닙니다. 개인의 잘못은 이미 규정된 형벌을 받아 마땅합니다. 그렇지만 범죄의 근본적 원인은 치유하지 않은 채 제재의 수위만 높이는 것이 타당한지 문제 제기를 하는 것입니다.

최 기자 그렇지만 그것은 너무 이상에만 치우친 논의로 보일 수밖에 없습니다. 실현 가능하더라도 시간이 너무 오래 걸릴 것입니다. 그리고 범죄는 지금도 계속 발생하고 있습니다. 그렇다면 급격히 증가한 범죄에 대해 극단의 대책을 강구할 수도 있는 것 아닌가요?

교수 정말 범죄가 급격히 증가했나요? 분명 통계수치를 보면 범죄가 증가했습니다. 5대 강력범죄도 증가추세에 있고, 성범죄 증가세는 더 높습니다. 음… 우선 액면 그대로 받아들일 수도 있습니다. 숫자는 거짓말을 하지 않으니까요. 다만 간과해서는 안 될 부분을 말씀드리고

10대를 위한 재미있는 형법 교과서

싶습니다. 우선 발견되지 않은 범죄가 전보다 줄었을 수 있습니다. 예를 들어 성범죄에 대한 신고는 그리 오래 되지 않은 시절에는 죄악으로 여겨졌습니다. 심지어 범죄에 대해 피해자를 탓하는 분위기도 강했습니다. 그러나 현재 그런 분위기는 많이 약해졌습니다. 즉 신고를 통해 확인되는 범죄의 수가 증가되었을 수 있습니다.

재범률 증가를 많이 언급하는데, 재범률도 어떤 방식으로 계산하느냐에 따라 수치가 달라집니다. 따라서 통계는 얼마든지 조작 가능하고, 해석하는 방법에 따라 다른 의미가 도출될 수 있는 것입니다. 덧붙여 범죄가 증가한 비율에 비해, 보도 횟수가 증가한 비율이 더 높다는 점도 말씀드리겠습니다.

최 기자 어쨌든 강력한 범죄가 발생하고 있는데 그에 대한 대책이 있어야 하지 않을까요?

교수 물론 그렇지요. 그렇지만 그 대책이라는 것이 어떻습니까? 하나씩 보도록 하지요. **사형**에 대한 논란은 굉장히 오래된 것입니다. 그동안 논의의 초점은 사형이 범죄 예방에 실제 도움이 되는가, 인간이 사법이라는 이름으로 사람을 살해하는 것이 정당한가, 또는 오판의 경우 돌이킬 수 없다는 점 등이 문제되었습니다. 우선 사형은 범죄 예방에 도움이 되는지 불분명합니다. 이 부분에 대해서는 영국의 형법학자 하트의 말을 인용하겠습니다. "사형이 존재한다는 것은 살인자에게 있어서 자신이 당장 죽을지도 모른다는 확실성을 의미하지 않는다. 그것은 미래의 죽음이라는 그리 높지 않은 가능성이다." 또 오늘날 형벌의 목적이 범죄인의 재사회화에 있다면, 사형은 재사회화라는 국가의 의무를 정면으로 부정하는 것입니다.

현재의 논의는 사형을 받아도 되는 인간이 존재한다는 것을 전제하는 것 같습니다. 앞서 말씀드린 '적'들이 대상이겠지요. 그러나 그들에 대한 관점은 정리를 할 필요가 있습니다. 또한 우리 헌법 제10조에서 보호하는 인간의 존엄성은 '모든 국민'에게 인정되는 것입니다. 또 기본권의 본질적 내용은 침해하지 못한다는 것이 헌법 제37조 제2항의 내용인데, 사형을 통해 침해받게 되는 범죄인의 생명권은 그 자체 본질적인 것이기에 불가침입니다.

유기징역형의 상한은 원래 15년이었습니다. 현재의 30년의 절반이었습니다. 간혹 사람들은 미국의 이야기를 합니다. 100년이 넘는 기간의 징역형을 선고했다는 이야기를 하며 우리나라는 범죄에 무력하다는 식으로 이야기합니다. 그러나 미국은 지나치게 높은 형량 때문에 오히려 골치 아파하는 나라입니다. 가장 높은 형량이 무색하게 가장 높은 범죄율을 자랑하기도 합니다. 왜 우리는 실패한 나라의 제도를 가져오려는 걸까요? 원래 형량이라는 것은 문화의 영향을 받습니다. 따라서 나라마다 형량은 당연히 다릅니다. 2010년 총기난사로 77명을 살해한 브레이빅을 기억하겠지요. 그는 노르웨이의 법정 최고형인 21년형을 선고받았습니다. 그렇다고 노르웨이가 범죄로 얼룩진 나라는 아닙니다. 오히려 가장 안전한 나라로 정평이 나 있습니다. 재범률은 낮은 수준이 아니라 거의 없는 수준이라고 합니다. 반대로 우리가 가진 현재의 높은 형량은 국민이 무거운 형벌에 대해 무감각해지도록 만들고 있는 것은 아닌지 모르겠습니다.

최 기자 그렇다면 보안처분을 통한 대응은 어떤가요? 보안처분은 형벌을 통해서도 사회에 복귀하지 못한 사람들을 대상으로 더욱더 개별화된 교정을 하는 것을 목적으로 하는 것이잖아요.

교수 그것은 교정이 실패했으니 다른 대책을 강구하겠다는 것입니다. 그렇다면 교정이 실패한 원인부터 찾는 것이 순서입니다. 보안처분을 통해 재사회화가 가능하다면 왜 그것을 교정의 단계에서 실행하지 않는 거죠? 문제 접근부터 잘못된 경우가 많은 것 같습니다. 전자발찌를 부착하고, 성범죄자라고 집주소가 인터넷에 떠도는 사람이 사회에 다시 복귀할 수 있나요? 아니요, 절대 불가능합니다.

그들은 직장도 못 구하고, 인간관계도 쌓아갈 수 없습니다. 사회로부터 왕따 시켜놓고 재사회화라니요. 당치도 않습니다.

대표적으로 **보호감호**를 보면, 징역형과 같은 조건으로 실상 특별히 교정대책도 없이 장기 구금하는 것입니다. 이건 한마디로 귀찮으니까 가둬두겠다는 것이고 국가의 의무를 다하지 않는 것입니다. 우리의 보호감호는 독일의 보안감호제도를 모델로 도입한 것이었는데, 참고로 독일에서는 2011년 5월에 연방헌법재판소의 결정으로 보안감호에 대한 위헌결정이 있었습니다. 생각해보세요. 자유형 집행이라는 이름으로 교도소에 있다가 집행이 종료되면 보호감호라고 이름만 바꿔서 지금까지 있던 교도소 건물 바로 옆으로 이사를 합니다. 그리고 자유형 집행 때와 똑같은 환경에서 똑같은 생활을 합니다. 재사회화와는 거리가 먼 제도입니다.

전자발찌(위치추적 전자장치)는 위치파악에 도움이 될 뿐 범죄 예방에 도움이 되지 않는다는 것은 이미 알려진 사실입니다. 전자발찌를 착용한 상태로 범죄를 저지른 사례가 보고되고 사람들은 더 강력한 제재를 원하지만, 예견되어 있던 일입니다.

화학적 거세(성 충동 약물치료)는 명백한 신체형입니다. 도둑질한 사람의 손을 자르려다가 잔인하다는 소리 들을까봐 팔을 마비시키는 주사를 맞도록 하는 것과 똑같은 행태입니다. '치료'라고 아무리 미화시켜도, 강제적 약물주입은 치료가 아닙니다. 또 성기능은 약물치료가 중단되면 당연히 살아납니다.

2003년 미국에서 있었던 사건을 말씀드려야겠습니다. 제임스 젠킨스는 3건의 성폭력 범죄로 형을 살고 있었습니다. 그런데 검사는 그가 재범의 위험성이 있다는 이유로 치료시설 구금을 법원에 청구할 예정이었고, 제임스는 면도칼을 이용해 스스로 거세했습니다. 더 이상 성적 충동을 느끼지 않았다는 그의 주장에도 불구하고 법원은 구금을 결정합니다. 자해를 할 정도의 폭력성은 오히려 그가 성폭력 범죄를 저지를 위험성을 증명할 뿐이기 때문입니다. 성폭력 범죄는 성욕보다는 남을 괴롭히려는 폭력성이 원인이 아닐까요? 한마디로 이 모든 제도들은 범죄인에 대한 인권침해는 현저하고, 범죄 예방에 대해서는 검증된 바가 없는 것들입니다. 징역형에다가 전자발찌, 화학적 거세, 신상정보

10대를 위한 재미있는 형법 교과서

공개까지 겹겹이 선고하는 것을 보면 실상 미국의 과도한 형량이 생각
나는 것도 사실입니다.

최 기자 하지만 피해자들이 평생 아픔을 안고 살아가고 있습니다.
교수님 말씀은 범죄자의 인권만 중요하고 피해자의 인권은 중요하지
않다는 것으로 들립니다. 피해자가 보기에 범죄자가 고작 몇 년 교도
소에 있다가 출소하는 것을 어떻게 받아들일까요?

교수 피해자의 인권은 당연히 중요합니다. 그렇기 때문에 피해자
에 대해 사회의 따뜻한 관심과 지원이 필요합니다. 아직 미흡하지만
피해자에 대한 지원제도가 마련되어 있습니다. 아직 발전이 더 필요하
지만요.

또 모든 피해자가 범죄자에 대한 강력한 처벌을 원하는 것은 아닙
니다. 현재와 같이 피해자에 대한 지원이 열악하면 피해자의 분노는
당연히 범죄자를 향할 수는 있겠지만요. 나아가 형사제재는 복수를 위
한 제도가 아닙니다. 따라서 피해자가 강력한 처벌을 원한다고 그대로
따라야 하는 것도 아닙니다. 만일 말씀하신 '피해자'가 실제 피해자가
아니라 잠재적 피해자라면, 방금 했던 이야기를 다시 해야겠군요. 범
죄자도 존엄한 인격체이며, 그를 왕따 시킨다고 문제가 해결되는 것은
아닙니다.

최 기자 이제 마무리를 지어야 할 것 같습니다. 마지막으로 하고

싶은 말씀은 없으신지요?

교수 형사제재는 본질적으로 폭력입니다. 다만 국가를 통해 정당화된 것입니다. 진정으로 정당화되기 위해서는 범죄 예방을 통해 사회에 기여해야 할 것입니다. 그런데 형법을 통한 법익 보호는 다른 법익을 침해하는 방법을 통해 이루어지므로 그 자체가 모순입니다. 그렇기 때문에 필요한 한도에서 최소한으로 이루어져야 하고, 책임원칙이나 비례성원칙을 통해 범죄인의 인권도 언제나 보호해야 합니다.

범죄의 원인이 무엇일까요? 인간은 사회에서 살아갑니다. 우리는 사회 속에서 서로 영향을 주고받습니다. 그렇기 때문에 범죄를 범죄자 개인의 탓으로만 돌릴 수는 없습니다. 물론 그 책임에 상응하는 형벌을 받아야겠지만, 그를 범죄로 이끈 사회적 원인도 고쳐 나가야 합니다. 그렇기 때문에 복지나 교육과 같은 사회정책이 근본적인 형사정책입니다.

우리 사회에서 언제부터인가 범죄자는 '적'이나 위험원으로 취급받고 있습니다. 이런 현상도 범죄를 개인의 탓으로만 돌리는 현상의 연장선입니다. 언론은 문제를 과장되게, 선정적으로 보도하고 사람들의 안전 욕구를 자극합니다. 그 결과 새로운 형사제재들이 도입되었습니다. 그러나 형법을 통한 안전은 검증된 바가 없습니다. 오히려 인권침해만 낳고 있습니다.

어쨌거나 언론에 보도된 것과 같은 끔찍한 범죄가 이 세상에 벌어지고 있는 것은 사실입니다. 그러나 문제 해결에 도움이 되지 않는 감정적 대응은 이제 그만두었으면 합니다. 이제 냉정하게 범죄의 원인을 면밀히 분석하고, 근본적인 대응책을 강구합시다. 지금이 우리가 이 문제에 대해서 고민해볼 때라고 생각합니다. 끝으로 어느 형법학자가 남긴 다음과 같은 말을 다함께 읽어보았으면 합니다.

> "필요한 형벌만이 정당한 형벌이다.
> … [형벌의] 사용을 최대한 삼가라고 요구한다.
> … 왜냐하면 형벌은 양날의 칼이기 때문이다.
> 즉 형벌은 법익 침해를 통한 법익 보호이다."
>
> — 프란츠 폰 리스트, 《형법에 있어서의 목적사상》 중에서

최 기자 네. 말씀 잘 들었습니다.

제5회 형법능력평가

범죄에 대해 형법이 강경한 대응을 한다고 해서 범죄 예방에 반드시 도움이 되지는 않습니다. 그렇지만 시민들이 더 강력한 처벌, 거리에 수없이 늘어나는 CCTV를 보면서 안심할 수 있다면 그것도 역시 국가가 해야 하는 역할이 아니냐는 반론도 만만치 않습니다. 여기에 대해 어떻게 생각하는지 이야기해봅시다.

더 강력한 처벌, CCTV를 통한 예방에 반대하는 사람들은 자꾸 인간의 존엄, 사생활의 보호 운운하면서 비판하고 있어. 정작 우리는 존엄성, 사생활 이런 거 덜 보호해줘도 되니까 불안함을 없애달라는데, 국가가 그 수요에 맞춰주지 않는 것은 국민을 우습게 생각하고 자기 멋대로 행동하는 게 아닐까? 더 강하게 처벌하고, CCTV 같은 예방 수단도 많이 만들어야 한다고 봐.

실제로 우리를 놀라게 하는 강력사건은 그리 많이 발생하지 않아. 물론 그 몇몇 사건을 해결하는 것은 정말 중요한 일이지만, 이미 마련된 처벌과 예방 수단으로도 충분히 역할을 해낼 수 있을 거야. 극단적인 사건 때문에 더욱 강력해진 처벌과 무분별하게 설치된 CCTV는 오히려 우리를 힘들게 해. 우리의 안전 욕구는 과잉되어 있고, 그 해결책이라고 나온 수단은 우리를 옥죄는 거야. 난 반대해.

[142]

6.

형사절차는 어떻게 진행될까

수사물 훨씬 재미있게 보기
텔레비전은 가르쳐주지 않는 이야기

〈CSI〉나 〈살인의 추억〉 같은 수사물은 많은 사람들의 사랑을 받았습니다. 경찰과 범인이 쫓고 쫓기는 장면에서는 가슴이 조마조마하다가도 마침내 수사의 실마리가 잡히고 범인이 밝혀지는 장면에서는 통쾌함을 느끼기 때문이지요. 또 사건이 해결되지 않는 경우에는 그 나름의 오싹함도 즐기게 됩니다. 영화 속 범인은 피고인이 되어 공판정에 서게 되고, 유죄판결을 받기도 합니다. 그런 경우, 여러분은 착한사람은 승리하고 나쁜 사람은 벌 받는다는 정의감에 불타오르지요. 그런데 수갑을 찬 채 유유히 경찰차와 함께 사라진 범인은 그 후 어떻게 되었을까요? 또 법정에서 형을 선고 받은 피고인은 어떻게 될까요? 대부분의 영화나 드라마는 형사절차의 일부만을, 즉 내용 전개에 필요한 만큼만 보여줍니다. 그러니까 그것이 전부는 아니라는 말이지요. 이번 장을 읽으면서 영화나 드라마로는 볼 수 없었던 많은 부분을 알게 될 것입니다.

10대를 위한 재미있는 형법 교과서

수사→공판→집행 /
피의자→피고인→수형자

형사절차의 개요

사건이 발생하고 그것이 범죄라는 의심이 들면, 먼저 경찰이나 검찰이 수사를 시작합니다. 그 결과 범죄의 혐의가 인정되면 검사는 법원에 공소를 제기합니다. 그리고 공판절차가 개시됩니다. 공판절차에서 범죄사실이 증명되면 법원의 선고에 따라 유죄판결이 내려지고, 이어서 형벌이나 보안처분의 집행절차가 이루어집니다. 물론 무죄로 확정되어 피고인은 형사보상을 받는 경우도 있습니다. 이와 같이 형사절차는 크게 **수사절차, 공판절차, 집행절차**로 구분됩니다. 그리고 이러한 절차에 관한 법률을 형사절차법 또는 형사소송법이라고 합니다.

형사소송에 참여하는 주인공은 **법원, 검사, 피고인**입니다. 이들을 형사소송의 주체라고 합니다. 그 밖에 형사소송에서는 검사의 보조자인 사법경찰관리, 피고인(또는 피의자)의 보조자인 변호인도 등장합니다.

신문이나 여러 매체를 통해 '피의자', '피고인'이라는 말을 들어보았을 겁니다. 이것은 같은 말일까요, 다른 말일까요? 정답은 '같은 사람을 부르는 다른 말'입니다. 피고인은 형사절차의 각 단계에 따라 다양한 이름을 갖게 됩니다. 먼저 사건이 발생하고 범죄의 혐의가 있다고 의심되는 단계에서는 **'용의자'**라고 합니다. 그리고 수사단계에서는

‘**피의자**’, 공판 단계에서는 ‘**피고인**’으로 불립니다. 또 피고인이 유죄 판결을 받고 형이 확정되면 ‘**수형자**’가 됩니다.

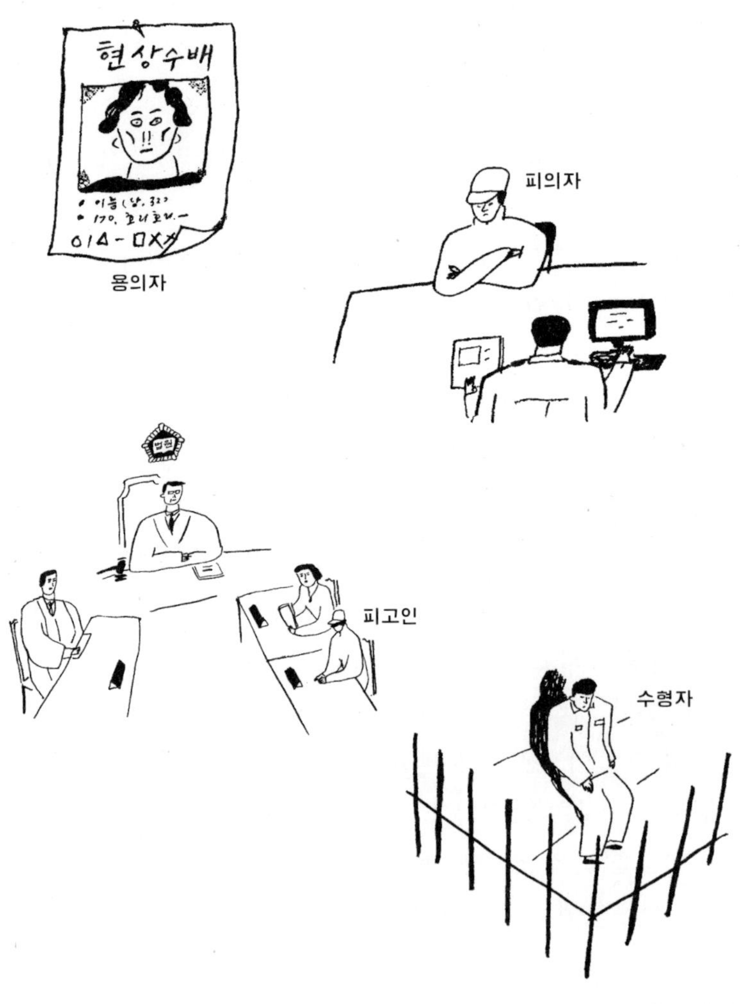

형사절차에서 피의자나 피고인은 유죄의 판결이 확정되기 전에는 무죄로 추정합니다. 이를 **무죄추정의 원칙**이라고 하는데, 우리 헌법에서는 무죄추정의 원칙을 다음과 같이 규정하고 있습니다.

헌법 제27조

④ 형사피고인은 유죄의 판결이 확정될 때까지는 무죄로 추정된다.

헌법 조문은 '형사피고인'이라고 규정하고 있지만, 이는 당연히 '형사피의자'의 경우에도 적용됩니다. 또 피의자와 피고인은 **진술거부권**을 갖습니다. 따라서 피고인이나 피의자는 공판절차 또는 수사절차에서 법원이나 수사기관의 신문에 대하여 진술을 거부할 수 있습니다. 진술거부권도 헌법에 규정되어 있지요.

헌법 제12조

② 모든 국민은 고문을 받지 아니하며, 형사상 자기에게 불리한 진술을 강요당하지 아니한다.

범죄의 혐의가 있다! 누가 어떻게 밝힐 수 있는가?
수사 이야기 1

추리 소설을 읽으면서 셜록 홈스 같은 명탐정이 되고 싶다는 생각을 해본 적 있나요? 안타깝지만 우리나라에서는 셜록 홈스 같은 사립 탐정은 정식 직업으로 삼을 수 없습니다.

왜냐하면 수사권은 **검사와 사법경찰관리**만 갖기 때문에 아무나 수사를 할 수 있는 게 아니기 때문입니다. 대신 여러분들은 수사기관에 고발을 함으로써 수사의 단서를 줄 수는 있습니다. 수사는 범죄의 혐의가 있는지 명백히 하여 법원에 공소를 제기할지를 결정하는 단계입니다. 물론 이미 제기된 공소를 유지할 것인지에 대해 결정하기 위해 공소 제기 후에도 수사는 가능합니다.

수사가 개시되는 원인을 **수사의 단서**라고 하는데, 변사자(범죄로 인해 사망한 것으로 추측되는 시체) 검시, 불심 검문, 자수, 범죄 신고 등도 수사의 단서가 됩니다. 수사의 단서 중 자주 들어본 것이 '고소', '고발'일 것입니다.

수사는 수사의 목적을 달성하기 위해 필요한 때에만 할 수 있으며(수사의 필요성), 함정수사와 같이 신의칙★에 반하는

10대를 위한 재미있는 형법 교과서

수사라든가 수사의 목적을 달성하기 위한 정도를 초과하는 수사는 허용되지 않습니다(수사의 상당성).

수사의 방법에는 임의수사와 강제수사가 있습니다. **임의수사**란 상대방의 동의나 승낙을 받아서 하는 수사입니다. 따라서 수사의 조건인 필요성과 상당성에다가, 임의수사에서는 자유의사에 의한 승낙까지 요구하게 됩니다. 수사는 원칙적으로 임의수사에 의해 이루어집니다.

그런데 강제적 방법으로 수사를 하는 경우도 있습니다. **강제수사**(강제처분)는 피의자의 의사에 반하여 그의 법익을 침해하는 방식으로 이루어집니다. 강제처분은 형사사법에 있어서 빼놓을 수 없는 부분이지만, 개인의 기본권을 침해한다는 점에서 합리적 제한이 필요합니다. 먼저 강제처분은 법률에 특별한 규정이 없으면 하지 못합니다(강제처분법정주의). 또 법률의 규정에 근거한 강제처분이라 하더라도 법원 또는 법관이 발부한 적법한 영장에 의하지 않으면 형사절차상의 강제처분을 할 수 없습니다(영장주의).

마지막으로 형사절차에 의한 개인 기본권의 침해는 사건의 의미와 기대되는 형벌에 비추어 상당성이 유지될 때에만 허용됩니다(비례성의 원칙). 따라서 강제처분은 임의수사에 의해서는 형사소송의 목적을 달성할 수 없는 경우에만 최후수단으로서 인정됩니다. 현재 우리 형사소송법에서 인정하고 있는 강제처분은 체포, 구속, 압수, 수색, 검증이 있습니다.

체포, 구속, 압수, 수색, 검증이 궁금한가요?

1. 체포

수사기관은 피의자가 죄를 범했다고 의심할 만한 상당한 이유가 있고 정당한 이유 없이 출석 요구에 응하지 않거나 응하지 않을 우려가 있는 때에는 피의자를 체포할 수 있습니다. 이때 당연히 법관으로부터 체포 영장을 발부받아야 합니다(**통상체포**).

그러나 급박한 경우에는 영장을 청구하기 곤란합니다. 그래서 인정되는 것이 긴급체포와 현행범체포입니다. 소매치기처럼 지금 범죄를 실행하고 있는 경우, 체포영장을 신청해서 체포하려면 이미 범인은 달아났을 것입니다. 현행범은 영장 없이 누구나 체포할 수 있습니다(**현행범체포**). 일부 중대한 범죄의 경우에는 피의자를 우연히 발견한 경우처럼 급박한 상황에선 영장 없이 체포할 수 있습니다. 이를 긴급체포라고 합니다(**긴급체포**). 그러나 이렇게 체포영장 없이 체포한 경우에도 48시간 이내에 구속영장 청구를 하지 못하면 피의자를 석방해야 합니다. 또 후에 구속영장이 발부되어 피의자가 구속되는 경우에는 체포기간을 구속기간에 포함시킵니다.

2. 구속

구속은 체포에 비해 장기간에 걸쳐 피의자나 피고인을 감금하는 등 신체의 자유를 제한하는 것입니다. 이것은 단순한 수사를 용이하게 하기 위한 제도는 아니며, 형사소송의 진행을 확보하기 위한 것입니다. 피의자나 피고인을 구속함으로써 그들의 형사소송에서의 출석을 보장할 수 있고, 증거인멸 등 수사와 심리★의 방해를 막을 수 있으며, 확정된 형벌의 집행도 확보할 수 있습니다.

그러나 구속은 피의자나 피고인뿐만 아니라 그의 가족에게도 불이익을 주기 때문에 제한된 경우에 최후 수단으로 사용되어야 합니다.

피의자나 피고인이 죄를 범하였다고 의심할 만한 상당한 이유가 있고, 일정한 주거가 없거나 증거를 인멸할 염려가 있거나 또는 도망하거나 도망할 염려가 있을 때에 피의자나 피고인을 구속할 수 있습니다. 피의자는 10일간 구속할 수 있고, 일정한 경우 최대 30일까지 가능합니다. 피고인은 2개월 구속할 수 있고, 심급마다 2개월 단위로 2회에 한하여 갱신할 수 있습니다.

이러한 인신구속제도를 통해 수사의 목적을 쉽게 달성할 수 있겠지만, 언제나 균형감각을 잃지 않아야겠죠? 피의자나 피고인은 자신이 직면한 상황에 어떻게 대처해야 할지 몰라 불안한 상태에 있게 됩니다. 그럼에도 형사절차는 계속 진행될 것이고, 수사기관은 계속 압박해 올 것입니다. 우리는 강제처분이 인정되는 경우에도 피의자나 피고인의 기본적 인권을 보호해야 합니다. 또한 그들의 방어권을 보장해야 합니다. 피의자나 피고인에게는 변호인의 도움을 받을 권리가 필요합니다. 또 체포나 구속의 목적에 반하지 않는다면 당연히 가족이나 친지도 만날 수 있어야 합니다. 구금시설(구치소나 교도소)과 같은 열악한 조건에서 피의자나 피고인의 건강은 더욱더 우려되므로 의사의 진료를 받을 수도 있어야 합니다. 이러한 권리를 **접견교통권**이라고 합니다. 체포·구속된 피의자의 권리가 부당하게 침해되지 않도록 일정한 청구권자의 청구를 통해 법원이 피의자를 직접 불러 체포 구속 사유를 실질적으로 판단할 수 있습니다. 이를 **체포구속적부심사**라고 합니다. 그리고 피의자가 위법 부당하게 체포 구속된 경우 피의자는 법원의 심사에 의하여 보증금 납부 등을 조건으로 석방되는 경우도 있습니다. 이를 **보석**이라고 하는데, 피의자의 경우는 체포구속적부심사 과정에서 보석에 대한 판단을 받습니다. 보석된 피고인이 도망하는 등의 경우에는 보증금은 몰수되기 때문에 피고인은 석방되었지만 구속된 것과 같은 효과를 받습니다.

　3. 압수, 수색, 검증

　또 증거물이나 몰수물을 보전하기 위해서 압수, 수색을 하기도 합니다. 압수는 물건의 점유 자체를 취득하는 것이고, 수색은 압수할 물건 또는 체포할 사람을 발견할 목적으로 주거·물건·사람의 신체 또는 기타 장소에 대하여 행하는 강제처분입니다. 수색은 압수와 함께 행해지는 경우가 일반적입니다. 그래서 실무상으로도 이들에 대한 영장은 '압수·수색영장'이라는 단일한 영장으로 발부되고 있습니다. 최근 뉴스에 많이 등장하는 것으로 검증이 있습니다. 현장검증이라는 말 많이 들어보았죠? 검증이란 사람, 장소, 물건의 성질이나 형상을 오관(5가지 감각 기관 - 눈, 귀, 코, 혀, 피부)의 작용에 의하여 인식하는 강제처분을 말합니다. 신체검사나 사체 해부와 같은 것이 대표적입니다.

최근 현장검증과정에서 범행재연이 많이 이루어지고 있습니다. 범행재연은 피의자의 진술을 토대로 사건을 재연해보는 것입니다. 그런데 사실 범행재연을 통해 얻는 수사효과는 그리 크지 않습니다. 피의자에게 폭행, 욕설이 난무할 뿐입니다. '비례성의 원칙'의 측면에서 검토가 필요하지 않을까요?

미란다 원칙

영화에서 경찰이 피의자를 체포할 때 "당신은 묵비권을 행사할 권리가 있고, 변호사를 선임할 수 있으며…"라고 말하는 것을 많이 보았을 것입니다. 범죄영화나 수사물에서 예외 없이 등장하는 장면이지요. 아마 이런 모습을 보면서 경찰을 꿈꾸는 학생도 많을 것입니다. 헌법도 "누구든지 체포 또는 구속의 이유와 변호인의 조력을 받을 권리가 있음을 고지받지 아니하고는 체포 또는 구속을 당하지 아니한다"라고 규정하고 있습니다. 체포하면서 이러한 고지를 하는 것을 '미란다 원칙'이라고 합니다.

10대를 위한 재미있는 형법 교과서

미란다는 미국 애리조나 주에서 납치 강간 혐의로 체포되면서 경찰서로 연행되었고 변호사도 선임하지 않은 상태에서 조사를 받았습니다. 처음에는 자신의 결백을 주장했지만 심문을 받은 후에는 범행을 자백하고 자술서를 작성했습니다. 이 자술서 끝에는 미란다의 자백이 경찰의 협박 없이 자발적으로 이루어졌다는 것과, 자신의 진술이 재판에서 불리하게 사용될 수 있다는 사실, 그리고 자신의 법적 권리에 대해서 미란다가 충분히 인지했다는 문구가 타자로 쳐 있었습니다. 그 아래에는 중학교도 졸업하지 못한 미란다의 서투른 필기체 서명이 있었습니다. 미란다는 이 자백으로 유죄선고를 받게 되었습니다.

그러나 미란다는 마지막 수단으로 미국 수정헌법 제5조에 보장된 불리한 증언을 하지 않아도 될 권리와 수정헌법 제6조에 보장된 변호사의 도움을 받을 권리가 침해되었다고 주장했고, 이 주장이 받아들여져 재심의 기회가 주어졌습니다.

결국 미란다는 여자 친구의 증언으로 유죄를 선고받게 되었지만, 주정부 경찰서들은 미란다 판결 이후 연방대법원의 판결 취지에 따라 '미란다 경고문'을 만들어 체포를 당하거나 심문을 받는 피의자들에게 읽어주도록 했습니다.

수사해서 무엇을 하나요?: 수사 이후의 이야기

수사 이야기 2

지금까지 수사기관에 의해 수사가 진행되었습니다. 수사는 범죄의 혐의가 있는지를 밝혀서 공소를 제기하거나 유지할 것인지를 결정하기 위한 수사기관의 활동입니다. 따라서 공소제기를 하거나 그렇지 않은 것으로 수사는 종결합니다.

수사한 결과 수사를 계속할 필요가 없는 경우에 검사는 **불기소처분**을 할 수 있습니다. 그러나 수사 과정에서 충분히 혐의가 인정되면 검사는 공소를 제기합니다. **공소제기**란 검사가 그간의 수사 결과를 토대로 법원에 유죄판결을 구하는 것을 말합니다. 공소를 제기하면 공판절차가 시작됩니다.

그런데 공소를 제기하는 권한(공소권)은 검사만 가지고 있습니다. 또 공소를 제기할 정도의 혐의를 인정할 수 있는 경우에도 재량에 따라 공소를 제기하지 않을 수 있습니다. 그래서 비슷한 사건인데 한 사건에 대해서만 공소를 제기하는 경우처럼, 형식적으로는 적법한 것으로 보이지만 실질적으로 위법한 공소가 제기될 수 있습니다. 또는 공소를 제기해야 할 사안인데 그렇지 않는 경우도 있을 수 있습니다. 그렇기 때문에 검사가 공소를 남용하는 경우와 자의적으로 불기소처분하는 경우에 대해 어떻게 이를 막을 것인지에 대한 논의가 있습니다.

검사가 공소제기를 하면 법원의 공판절차가 시작되면서, 공소시효는 정지됩니다. 그리고 법원이 심판할 수 있는 범위가 검사가 기소한 내용으로 제한됩니다. 특히 심판범위가 확정된다는 것은 매우 중요한 의미를 가집니다. 왜냐하면 검사가 공소를 제기한 사실관계에 대해서만 법원이 판결할 수 있고, 그 부분에 대해서만 판결의 효력도 미치기 때문입니다. 물론 공소사실 이외의 것을 판단하기 위해서 공소장 변경 절차를 마련해두었지만, 그 절차도 처음 공소를 제기한 사실과 동일성이 인정되는 한에서만 가능하다는 점에서 검사가 작성하는 공소장이 정말 중요하다는 것을 알 수 있습니다.

법정에서 봅시다!
공판준비절차

공판(公判)이란 공소가 제기되어 법원에서 판결이 날 때까지 재판이 진행되는 전체 절차를 말합니다. 여기에는 법원이 심리·재판하고 당사자가 변론을 하는 것이 포함됩니다.

따라서 공판은 형사절차의 핵심입니다. 법관의 심증형성은 공판기일★의 심리에 의하여야 한다는 원칙을 **공판중심주의**라고 합니다. 형사소송법은 공판중심주

의를 확립하여 여러 제도를 두고 있습니다. 공판중심주의는 ① 재판을 공개하여 법원의 심판절차를 국민의 감시를 받도록 하고(**공개주의**), ② 법원은 구두에 의한 공격·방어를 근거로 심리·재판하며(**구두변론주의**), ③ 공판정에서 직접 조사한 증거만을 재판의 기초로 삼고(**직접주의**), ④ 심리에 2일 이상을 요하는 사건은 연일 계속하여 심리하여야 한다(**집중심리주의**)는 것을 내용으로 합니다.

공판절차의 중점은 '공판기일'의 심리에 있습니다. 그러나 형사소송법은 공판기일의 심리를 신속하고 능률적으로 하기 위한 준비절차를 두고 있습니다. 이것을 **공판준비절차**라고 합니다. 그렇다면 공판준비절차를 통해 재판에 필요한 준비물들을 마련해야겠지요? 공판기일

전의 절차에는 공소장 부본(복사본이라고 보면 됩니다)을 피고인 등에게
보내 방어의 기회를 준비하도록 합니다. 재판장은 공판기일을 정하여
검사나 변호인 등에게 통지합니다. 이 기간에는 어떠한 주장을 할지
주장을 어떻게 입증할지 계획을 세웁니다. 이와 같이 공판준비절차란
첫 공판기일 이전에 사건의 쟁점과 증거를 정리하는 절차를 말합니다.

재판을 시작합니다!
모두절차

공판준비절차를 거치고 이제 공판기일이 되었습니다.

공판기일에는 재판에 참석하는 당사자 등이 공판정에 모입니다. 공
판정은 공개된 법정을 말합니다. 다음 그림에서 보는 것처럼 검사는
피고인 및 변호인과 대등하게 앉고, 피고인 신문을 할 때에만 피고인
은 증인석에 앉습니다. 증인석은 재판장의 정면에 있습니다.

학급에서 회의를 시작할 때처럼 재판이 시작될 때도 오프닝이 필요
합니다. 이 오프닝에 해당하는 절차가 공판의 **모두(冒頭)절차**입니다.

모두절차는 진술거부권의 알림부터 시작합니다. 재판장은 인정신
문을 하기 전에 피고인에게 진술을 하지 아니하거나 개개의 질문에 대

10대를 위한 재미있는 형법 교과서

하여 진술을 거부할 수 있고, 이익이 되는 사실을 진술할 수 있음을 알려주어야 합니다.

다음으로 재판장이 피고인의 성명, 연령, 등록기준지, 주거와 직업을 물어서 피고인임이 틀림없음을 확인해야 합니다. 이것을 **인정신문**이라고 합니다.

인정신문 후 검사는 공소장에 의하여 공소사실, 죄명 및 적용 법조문을 낭독해야 합니다. 다만 필요한 경우에는 재판장이 검사에게 공소의 요지만 진술하는 것으로 할 수 있습니다. 이것을 **검사의 모두진술**이라고 합니다. 검사가 피고인을 법정에 세운 자신의 의도를 밝히는 것이지요. 모두진술은 사건의 내용 등을 명확히 해서 소송의 진행을 돕고 피고인이나 변호인이 변호의 방향을 잡을 수 있도록 합니다.

현재의 당사자주의★ 형사소송법에서 검사와 피고인은 대등한 당사자입니다. 일방적으로 피고인이 소송의 객체로 다루어지는 시대는 지났습니다. 검사가 한마디했으면 피고인도 한마디할 수 있어야 공평하겠죠? 검사의 모두진술이 끝

나면 피고인도 진술기회를 갖습니다(피고인의 모두진술). 우선 공소사실의 인정여부를 진술합니다. 물론 이 때에도 진술거부권을 행사할 수 있습니다. 이 절차를 통해 사건의 쟁점을 조기에 파악하여 신속한 심리를 할 수 있습니다. 공소사실의 인정여부를 진술한 후에 피고인 및 변호인은 공소에 관한 의견, 그 밖에 이익이 되는 사실 등을 진술할 수 있습니다. 국선변호인의 선정을 청구하거나 공판기일을 변경해달라는 것이 그 예입니다.

마지막으로 재판장은 피고인 또는 변호인에게 쟁점의 정리를 위하여 필요한 질문을 할 수 있습니다(재판장의 쟁점정리). 또 검사 및 변호인으로 하여금 증명과 관련된 주장이나 입증계획을 진술하게 할 수도 있습니다(검사·피고인의 증거관계 등에 대한 진술).

날카롭고 격렬한 진실 공방
사건심리절차

    검사, 피고인 또는 변호인은 서류나 물건을 증거로 제출할 수 있고 증인신문, 검증, 감정 등 **증거조사**를 신청할 수 있습니다. 영화와는 다르게 실제 형사 절차에서는 죄를 밝혀내는 일이 그리 쉽지만은 않습니다. 우리는 흔히 오리발을 내미는 사람에게 '증거를 대라'라는 말을 합니다. 그러나 이때 증거를 제시하는 것은 쉽지 않습니다. 우리 형사소송법은 **증거재판주의**를 채택하여 각자가 주장하는 내용이나 범죄의 사실을 증명할 수 있는 증거를 바탕으로 재판을 진행합니다. 검사가 신청한 증거를 먼저 조사하고 나면, 피고인이나 변호인이 신청한 증거를 조사합니다. 그 다음 법원이 직무권한에 따라 증거조사를 하는 것이 원칙입니다.

    그런데 **증거**란 무엇일까요? 그것은 사실인정의 자료를 말합니다. 증거 자체를 뜻하기도 하지만 증거를 통해 알게 된 내용도 뜻하는 말이 바로 증거입니다. 증거를 수집하는 것은 어려운 일입니다. 또 증거는 반드시 적법한 절차에 의해 수집하여야 합니다. 그렇지 않으면 증거로 제출하는 것이 금지됩니다(형사소송법 제308조의2). 예를 들어 영장 없이 진행된 강제수사의 결과 얻은 물건, 가혹한 피의자신문을 통해 얻은 진술은 증거로 제출되는 것이 금지됩니다. 증거로 제출되는 것이 법률로서 허용된 경우라도 모두 사실을 인정하는 데 기여하는 것은 아닙니다. 이것은 법관이 경험적으로 타당한 내용에 따라 판단하게 됩니다. 증거에 관한 분야, 이른바 '증거법'은 굉장히 복잡합니다. 증거법에 대해서는 뒤에서 살펴보겠습니다.

검사는 증거를 제출하여 범죄사실을 증명해야 합니다. 그리고 이 증명은 법관으로 하여금 합리적 의심이 없을 정도여야 합니다. 그래야만 유죄로 판단을 할 수 있습니다.

검사와 변호인은 차례대로 피고인에게 공소사실과 범죄에 이르게 된 사정 등 필요사항을 직접 신문할 수 있습니다. 여기에서도 마찬가지로 마지막에 법원이 신문할 수 있습니다. **피고인신문**은 공소사실과 정상★에 필요한 사항만 해당됩니다. 진술을 강요하거나 유도신문을 하는 것은 금지되어 있습니다. 그 밖에 위압적·모욕적 신문도 금지됩니다.

피고인신문은 피고인이 증거로서의 지위를 갖는다는 것을 인정한 것입니다. 그러나 다른 한편 피고인은 소송의 일방적 객체가 아닌 당사자입니다. 따라서 피고인은 각각의 신문에 대하여 진술을 거부할 수 있습니다.

증거조사와 피고인신문이 끝나면 당사자는 의견진술을 합니다. 재판을 모두진술로 시작한 것처럼 재판이 끝으로 가면서 검사, 피고인, 변호인이 마지막으로 최후진술을 하는 것입니다.

피고인, 변호인:
최후진술 또는 최후변론

검사:
검사의 논고 또는 구형

판사는 검사의 의견을 들은 후 피고인과 변호인에게 최종의견을 진술할 기회를 주어야 합니다. 최종의견진술의 기회는 변호인과 피고인에게 차례로 모두 주어야 합니다.

피고인에게 무죄를 선고합니다!
판결의 선고

검사는 증거조사와 피고인신문이 종료한 때에는 범죄 사실과 어떤 법률을 적용할지에 대한 의견을 진술합니다(검사의 논고). 특히 검사의 양형에 대한 의견을 구형(求刑)이라고 합니다.

이제 검사의 구형과 변호인의 최후변론도 들어보았고 판결만을 앞두고 있습니다. 이제 피고인은 무죄나 유죄의 선고를 받게 되는 것입니다. 판결은 변론을 종결한 날에 하는 것이 원칙입니다. 판결은 공판정에서 재판서에 의하여 선고합니다. 판결의 선고는 재판장이 하며, 주문을 낭독하고 이유의 요지를 설명해야 합니다. 재판의 결과에 불복하는 경우 피고인은 상급법원에 다시 재판을 청구할 수 있습니다. 이것을 **상소**라고 하는데, 형을 선고하는 경우 판사는 피고인에게 상소할 기간과 상소할 법원을 알려줘야 합니다.

재판은 증거싸움!
형사증거법, 증거 제한의 역사

공판절차를 개관하면서 증거에 대해 잠시 언급했습니다. 증거는 사실인정을 위한 자료입니다. 잘 알다시피 형사소송은 혐의가 있는 사실을 인정하고 여기에 형법을 적용하는 과정이라고 할 수 있지요. 실제에서는 법 적용보다 사실인정이 더 어렵다고 합니다. 사건 발생 당시의 상황을 그대로 재현해낼 수 있는 사람은 아무도 없으니까요. 법 적용을 위해 우리는 사건을 재구성할 뿐입니다. 재구성을 위해 필요한 것이 바로 증거입니다. 형사절차는 수사-공판-집행의 과정으로 이루어집니다. 증거를 중심으로 이 과정을 다시 살펴볼까요? 수사는 증거를 수집하는 과정입니다. 공판절차에서는 검사와 피고인(그리고 변호인)이 각자 수집한 증거를 토대로 범죄 사실을 인정할 수 있는지 논쟁을 벌입니다. 그리고 이 논쟁 과정을 보며 법관이 심증을 형성한 결과 유죄 또는 무죄의 판단을 합니다. 유죄판결이 내려질 경우 구체적인 양형 판단을 위해서는 제출된 증거가 빠질 수 없습니다. 이를 기초로 집행이 이루어집니다.

증거법을 구성하는 형사소송법 조문은 몇 개 되지 않지만 그 가치나 논의는 엄청납니다. 앞서 설명한, 증거로서 제출될 수 있는가(**증거능력**) 그리고 사실인정에 기여할 수 있는가(**증명력**)를 증거법에서 다

룹니다.

1장에서 도둑으로 몰렸던 강철수를 떠올려봅시다. 강철수를 다그쳐서 얻어내려 한 것은 '자백'입니다. 역사적으로 자백은 '증거의 왕'이라고 불릴 정도로 형사소송에서 중요한 역할을 차지했습니다. 스스로 범죄를 저질렀다고 하니 이보다 더 확실한 증거가 어디 있을까요? 그렇지만 자백에 대한 지나친 추종은 엄청난 폐단을 가져왔습니다. 자백을 얻어내기 위해 고문이 성행했고, 고문할 수 있음을 형사소송법에 규정한 경우도 있었습니다.

이것을 증명력의 측면에서 제한한 것은 프랑스혁명 이후의 일입니다. 이전에는 증명력을 법률로 정해서 자백이 있으면 반드시 유죄로 하고 그렇지 않으면 반드시 무죄로 했습니다(증거법정주의). 그러자 자백을 받아내기 위한 고문이 성행하고, 이는 오히려 실체적 진실을 밝히기보다는 무시하는 문제점이 생겼습니다. 따라서 법관의 이성과 양심을 전제조건으로 법률에 구애받지 않고 합리적 판단을 하게 되었습니다(**자유심증주의**).

형사소송법 제308조(자유심증주의)
증거의 증명력은 법관의 자유판단에 의한다.

그러나 고문이나 폭행 등의 수사방식으로 자백을 얻어내는 악습은 완전히 없어지지 않았습니다. 증명력을 법률로 정하든 법관의 합리적 판단에 맡기든 그것이 고문을 통한 자백을 증거로 제출하는 것 자체를 금지하지는 않으니까요. 여기에서 고문 등에 의한 자백을 증거로 제출하지 못하도록 하려는 노력이 생겨났습니다(**자백배제법칙**). 즉 증거능력을 배제하기 시작했습니다.

> **형사소송법 제309조**(강제 등 자백의 증거능력)
> 피고인의 자백이 고문, 폭행, 협박, 신체구속의 부당한 장기화 또는 기망 기타의 방법으로 임의로 진술한 것이 아니라고 의심할 만한 이유가 있는 때에는 이를 유죄의 증거로 하지 못한다.

또한 자백 이외의 진술이나 압수물에 대해서도 증거능력을 부정하는 규정도 생겨났습니다(**위법수집증거배제법칙**). 증거수집의 방법을 이유로 증거능력을 배제함으로써 적정절차를 보장하고 위법한 수사를 방지하기 위한 것입니다.

> **형사소송법 제308조의2**(위법수집증거의 배제)
> 적법한 절차에 따르지 아니하고 수집한 증거는 증거로 할 수 없다.

일상생활 곳곳에서 이른바 '카더라 통신'을 쉽게 접합니다. 원래 말한 사람이 아니라 그것을 전해들은 사람이 하는 말을 그대로 믿을 수 있을까요? 소송에서 제출되는 증거 중에도 그런 것들이 있습니다. 이런 증거는 신용성이 떨어집니다. 또 예를 들어 검사가 이런 증거를 제출했을 때 피고인 측은 반대신문도 할 수 없습니다. 원래 말한 사람이 그 자리에 없으니까요. 이런 증거는 증거능력이 없는 것이 원칙입니다 **(전문법칙)**, (제310조의2).

다만 신용성이 보장될 만한 상황이 인정되고 그런 증거라도 필요한 경우에는 증거능력을 인정하는 예외규정도 두고 있습니다(제311조~제316조). 예를 들어 원래 말한 사람이 사망했거나 어디에 있는지 알 수 없는 경우에는 그런 증거라도 사용할 필요성이 있습니다(제314조). 그 사람을 법정에 출석시켜서 '당신이 정말 이런 말을 했습니까?'라고 물어볼 수는 없는 노릇이니까요.

> **형사소송법 제310조의2**(전문증거와 증거능력의 제한)
> 제311조 내지 제316조에 규정한 것 외에는 공판준비 또는 공판기일에서의 진술에 대신하여 진술을 기재한 서류나 공판준비 또는 공판준비기일 외에서의 타인의 진술을 내용으로 하는 진술은 이를 증거로 할 수 없다.

양 당사자, 즉 검사와 피고인의 증거공방이 끝났는데 도대체 법관이 유죄의 심증을 형성하지 못하면 어떻게 해야 할까요? 검사는 '피고인이 스스로 무죄임을 입증하지 못했으니 그는 유죄다'라고 말하고 싶을 것입니다. 이와 반대로 피고인은 '검사가 나의 유죄를 입증하지 못했으니 나는 무죄다'라고 말하고 싶을 것입니다. 논리적으로는 둘 다 맞습니다. 그러나 여기에서 우리는 무죄추정의 원칙을 기억할 필요가 있습니다. '피고인이 스스로 무죄임을 입증하지 못했으니 그는 유죄다'라는 말은 먼 옛날 원님재판을 소재로 한 사극에서 쉽게 볼 수 있습니다. "네가 네 죄를 알렸다!"

법관이 유죄의 판단을 하기 위해서는 합리적 의심이 없을 정도로 심증이 형성되어야 합니다. 그렇지 않고 판단이 의심스러우면 피고인에게 이익이 되는 방향으로 심증을 형성해야 합니다.

공판으로 모든 것이 끝났다고 생각하지 마라!

형사집행과 형사보상

확정된 유죄판결에 따라 형벌 또는 보안처분이 집행됩니다. 2개 이상의 형의 집행은 원칙적으로 중한 형을 먼저 집행하게 됩니다. 판결의 내용대로 생명을 박탈하고, 감금하고, 재산을 징수합니다. 형벌과 보안처분의 집행은 검사가 지휘합니다.

만일 누명을 쓰고 구속되었거나 형이 집행되었다면 어떻게 할 수 있을까요? 이때에는 국가가 그 손해를 보상해주어야 합니다. 이것을 형사보상이라고 합니다. 형사보상을 청구할 수 있는 권리는 헌법이 보장하는 기본권입니다. 또 위법한 수사에 대해서는 당연히 형사고소와 고발이 가능합니다. 만일 수사가 담당 공무원의 고의 또는 과실로 인한 것이라면 국가배상 청구도 가능합니다. 국가배상은 공무원의 직무상 불법행위 등으로 인해 국민이 손해를 입은 경우 국가 또는 지방자치단체에서 직접 배상해주는 제도입니다. 마지막으로 위법수사로 인해 헌법 제10조부터 제22조까지 보장된 인권을 침해당한 경우에는 국가인권위원회에 진정할 수 있습니다.

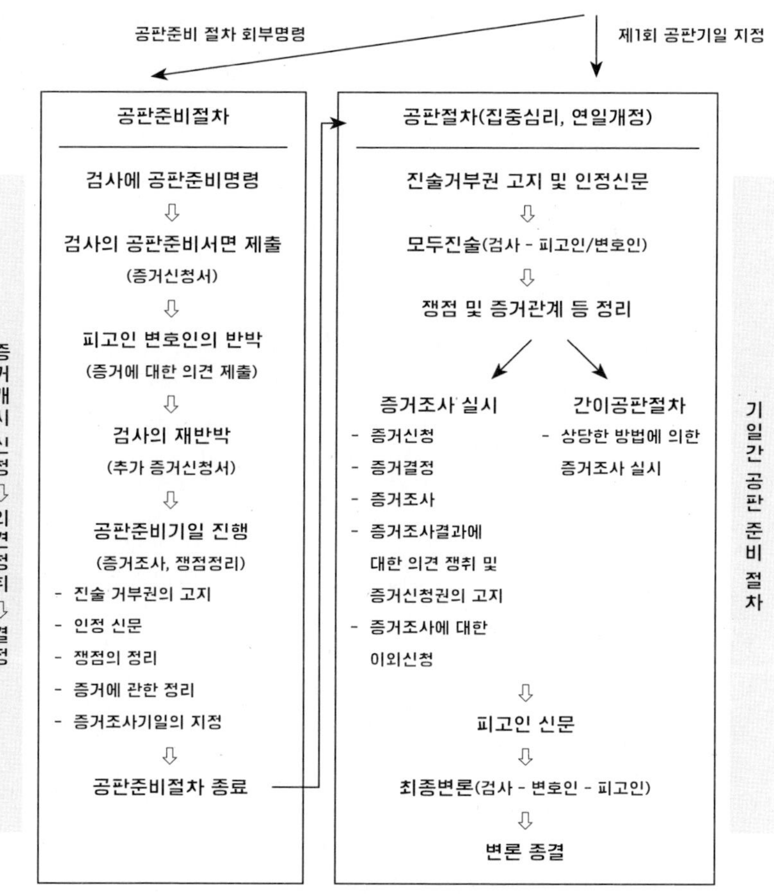
검사의 공소제기 ⇨ 공소장 부본 송달 ⇨ 의견서 제출 ⇨ 의견서 검토 및 사건분류
공판준비 절차 회부명령
제1회 공판기일 지정
증거개시 신청 ⇨ 의견청취 ⇨ 결정
기일간 공판준비절차
공판준비절차
검사에 공판준비명령
⇩
검사의 공판준비서면 제출
(증거신청서)
⇩
피고인 변호인의 반박
(증거에 대한 의견 제출)
⇩
검사의 재반박
(추가 증거신청서)
⇩
공판준비기일 진행
(증거조사, 쟁점정리)
- 진술 거부권의 고지
- 인정 신문
- 쟁점의 정리
- 증거에 관한 정리
- 증거조사기일의 지정
⇩
공판준비절차 종료
공판절차(집중심리, 연일개정)
진술거부권 고지 및 인정신문
⇩
모두진술(검사 - 피고인/변호인)
⇩
쟁점 및 증거관계 등 정리
증거조사 실시
- 증거신청
- 증거결정
- 증거조사
- 증거조사결과에
대한 의견 쟁취 및
증거신청권의 고지
- 증거조사에 대한
이외신청
간이공판절차
- 상당한 방법에 의한
증거조사 실시
⇩
피고인 신문
⇩
최종변론(검사 - 변호인 - 피고인)
⇩
변론 종결
⇩
선고(즉인선고 원칙 즉일선고시 5일 이내에 판결서 작성)

제6회 형법능력평가

위법수집증거배제법칙은 국가기관인 수사기관으로 하여금 적정절차를 보장하고 인권도 보장해줍니다. 그런데 만일 일반인이 위법하게 수집한 증거를 법정에 제출했다면 어떻게 해야 할까요?

위법수집증거배제법칙은 '수사기관'의 위법수사를 억제하기 위한 거잖아. 그렇다면 '일반인'이 제출한 위법수집증거는 일단 증거능력을 인정하고, 원칙대로 증명력이 있는지 법관의 판단에 맡기는 게 좋을 것 같아. 필요한 증거를 자꾸 제출 못하도록 하는 것도 타당하진 않거든.

'일반인'이 수집한 증거는 누가 사용할까? 결국 '수사기관'이 그 증거를 사용하는 것인데 위법하게 수집한 것을 그대로 수사기관이 사용하도록 내버려 두는 것도 문제가 있어. 위법수집증거배제법칙을 근거로 증거능력을 인정하지 말아야 해.

[176]

7.

국민참여
재판과
소년
형사절차

시민들의 민주적 참여인가, 아니면 마녀재판인가?

국민참여재판

지금까지 살펴본 재판의 절차에서는 피고인 그리고 변호인, 검사, 판사만이 참여했습니다. 그러나 가끔 미국 법정 드라마를 보면 우리나라와는 다른 재판구조를 볼 수 있습니다. 판사와 검사, 변호사, 피고인이 앉아 있고 재판장 한쪽에 '배심원'들이 앉아 있습니다. 과연 배심원이 재판 절차에서 하는 역할은 무엇일까요? 그리고 우리나라에는 배심원 제도가 없는 걸까요? 우리나라에서도 2008년부터 배심원이 참여하는 국민참여재판이 이루어지고 있습니다.

국민참여재판에서는 배심원의 참여가 있기 때문에 법정의 배치가 오른쪽 그림과 같이 바뀝니다.

국민참여재판은 국민 중에서 선정된 **배심원**이 형사재판에 참여하는 것입니다. 일반적인 재판에서는 판사가 검사와 피고인 양측의 주장을 듣고 합리적인 판결을 내리는 것이 보통입니다. 그러나 국민참여재판에서는 다른 일반 국민들에게 재판을 공개하고 의견을 구할 수 있는 기회를 주는 것입니다. 재판이 당사자만의 닫힌 공간이라면 법정 밖에서 지켜보는 사람은 법정 안에서 공정한 판결이 이루어지는지 의심할

수 있겠지요. 국민참여재판과 같이 일반 국민들이 직접 재판에 참여할 수 있도록 하면 판결에 대해 보다 쉽게 납득하고, 사법 작용의 공정성을 확신할 수 있을 것입니다.

국민참여재판으로 진행할 수 있는 사건은 현재 살인죄와 같이 법정형이 사형, 무기징역 또는 단기 1년 이상의 징역이나 금고형인 사건 등으로 한정되어 있습니다. 이 제도의 실제 성과 여부에 따라 앞으로 국민참여재판을 확대할 수도 있을 겁니다. 또 현재에는 서면으로 피고인이 국민참여재판을 받기를 원하는 때에만 배심재판이 가능합니다. 경우에 따라서는 법원이 배심원 등의 신변 안전을 위해 국민참여재판을 배제하기도 합니다. 헌법은 '법관에 의하여' 재판을 받을 권리를 명시하고 있습니다(헌법 제27조 제1항). 그런데 배심원은 법관이 아니기 때문에 피고인의 동의 절차가 필요합니다.

판사가 아니라도 재판에 참여하여 정의를 구현하는 일에 동참할 수 있다니 흥분되는 일입니다. 그렇다면 배심원이 되려면 어떻게 해야 할까요? 만 20세 이상의 국민 중에서 선정된 사람이 배심원단을 구성합니다. 아쉽게도 여러분은 성인이 되어야 배심원이 될 수 있겠네요? 배심원은 형사재판에 참여하여 법관과 함께 피고인에게 죄가 있는지, 어떤 처벌을 해야 하는지 의견을 제시할 수 있습니다. 미래에 배심원으로서 형사재판에 참여할 때 지금의 공부가 많은 도움이 되겠지요.

한편, 판사가 유·무죄를 선고하는 것을 판결이라고 하는 것과 달리 배심원들이 토의를 거쳐 의견을 제시하는 것을 **평결**이라고 합니다. 판사는 이를 최대한 존중하고 참고하여 판결을 내리게 됩니다. 하지만 반드시 배심원의 의견을 따라야 하는 것은 아닙니다. 미국에서는 배심원의 평결에 대해 원칙적으로 기속력을 인정하고 있지만 국내 참여재판에서는 권고적 효력만 지니기 때문입니다. 지금은 국민참여재판의 시행착오를 줄이고자 평결의 효력을 권고적 효력으로만 제한하였지만, 이 제도가 안정되면서 평결의 효력도 점차 커질 것으로 봅니다.

10대를 위한 재미있는 형법 교과서

배심원 선정 및 재판 참여 요청

배심원 선서

배심원 참가 후 재판 진행

검사, 피고인 측 최후 주장 이후
배심원들이 모여 토의

배심원단 만장일치로 평결 결정

판사가 평결 내용을 참조해
최종 판결

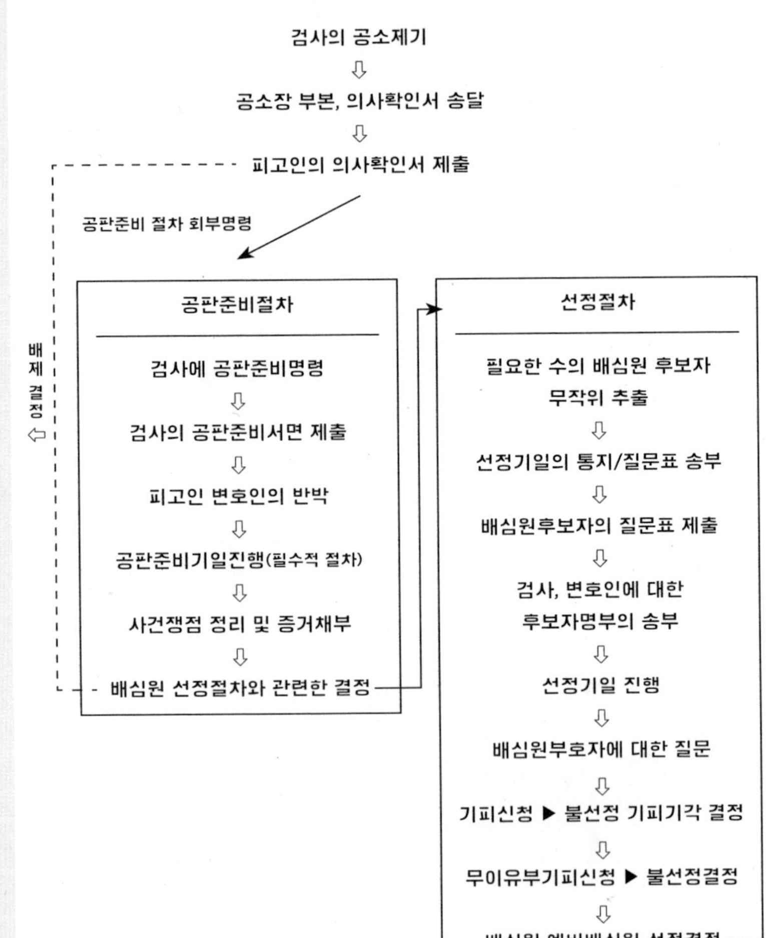
검사의 공소제기
공소장 부본, 의사확인서 송달
피고인의 의사확인서 제출
공판준비 절차 회부명령
배제 결정
통상 절차
공판준비절차
검사에 공판준비명령
검사의 공판준비서면 제출
피고인 변호인의 반박
공판준비기일진행(필수적 절차)
사건쟁점 정리 및 증거채부
- 배심원 선정절차와 관련한 결정
선정절차
필요한 수의 배심원 후보자 무작위 추출
선정기일의 통지/질문표 송부
배심원후보자의 질문표 제출
검사, 변호인에 대한 후보자명부의 송부
선정기일 진행
배심원부호자에 대한 질문
기피신청 ▶ 불선정 기피기각 결정
무이유부기피신청 ▶ 불선정결정
배심원·예비배심원 선정결정

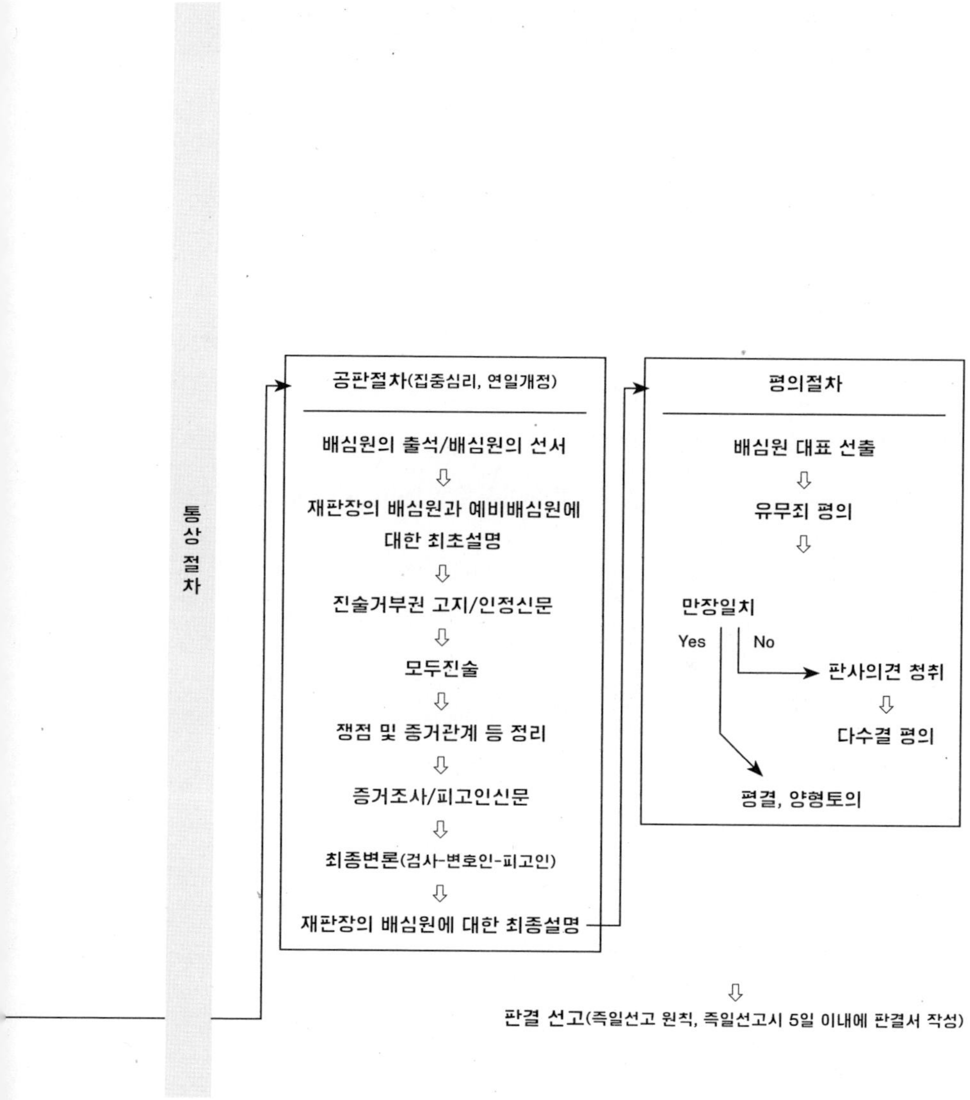

통
상
절
차

공판절차(집중심리, 연일개정)

배심원의 출석/배심원의 선서
⇩
재판장의 배심원과 예비배심원에 대한 최초설명
⇩
진술거부권 고지/인정신문
⇩
모두진술
⇩
쟁점 및 증거관계 등 정리
⇩
증거조사/피고인신문
⇩
최종변론(검사-변호인-피고인)
⇩
재판장의 배심원에 대한 최종설명

평의절차

배심원 대표 선출
⇩
유무죄 평의
⇩
만장일치
Yes | No → 판사의견 청취
⇩
다수결 평의

평결, 양형토의

⇩
판결 선고(즉일선고 원칙, 즉일선고시 5일 이내에 판결서 작성)

183

7장 : 국민참여재판과 소년형사절차

국민참여재판을 시행하면서 이에 대한 많은 연구가 이루어졌습니다. 사법부가 자의적 판단을 하게 될 우려를 국민참여재판을 통해 잠식시킬 수도 있습니다. 그런데 ① 실제로 법원의 판단과 배심원단의 판단이 크게 다르지 않다는 연구결과가 있습니다. 또 한편으로는 ② 국민참여재판에 참가한 배심원들은 피고인의 인정신문 중에 피고인이 무직자라는 사실을 듣고 유죄 판결이 날 것이라고 판단하는 경우도 있다고 합니다. ①과 같다면 국민참여재판의 의미가 반감될 것입니다. 그렇다면 '국민의 사법절차 참여'라는 의미는 단지 상징에만 그치게 됩니다. 서로 의견이 같은데 견제를 할 이유도, 가능성도 없으니까요. ②와 같다면 오히려 직업적 양심과 전문성이라도 갖춘 직업법관을 신뢰하는 편이 나을 수 있습니다. 이때에 국민참여재판은 마녀재판과 같이 오히려 기피해야 할 대상이 됩니다.

여러분은 국민참여재판이 앞으로 계속되어야 한다고 생각하나요? 아니면 없어져야 한다고 생각하나요?

우리도 참여할 수 있다!
청소년참여법정

청소년참여법정이라고 들어보았나요? 여러분은 아직 미성년자이기 때문에 국민참여재판의 배심원단이 될 수 없지만 여기 또 다른 기회가 있습니다.

청소년참여법정은 서울가정법원이 비행을 저지른 청소년의 소년보호재판에 또래 청소년들을 참관시키고 결정에 관여하도록 하는 제도입니다. 국민참여재판이 일부 중대한 형사재판에만 한정되는 것과는 다르게 청소년참여법정은 비교적 가벼운 범죄를 저지른 초기 비행청소년들을 대상으로 실시합니다.

5~9명으로 구성되는 청소년 참여인단은 평의과정을 통해 소년보호재판의 대상소년에게 부과과제로 일기 쓰기(20시간), 청소년참여인단으로 활동하기(3시간), 복지관 등에서의 사회봉사활동 참여하기, 인터넷 중독 예방교육 받기(2시간) 등 8개 과제 중 5가지 이내, 합계 40시간 범위 내에서 부과과제를 선정합니다. 그 결과를 참여인단 중 대표가 판사에게 전달하면, 담당판사가 그 의견을 존중하여 이행명령을 내리게 됩니다. 판사가 문제없다고 판단하면 대상소년에게 청소년 참여인단이 결정한 부과과제를 명령하고 이를 문제없이 이행할 경우, 별도의 절차나 보호처분 없이 사건을 종결시키게 됩니다.

일기 쓰기	
복지관 등에서 사회봉사활동 참여하기	

안전운전에 대한 강의 듣기
형사법정 방청 후 소감문 쓰기
인터넷 중독 예방교육 받기
스스로 미디어스쿨에서의 미디어체험학습 참여하기
금연클리닉 참여하기
청소년 참여인단으로 활동하기

어른들의 경직된 사고로 쉽게 비행청소년이라는 낙인이 찍히기보다는 또래 청소년들의 눈높이에 맞는 시야와 아이디어로 반성할 수 있는 기회를 갖기도 하고 긍정적인 영향을 받을 수 있을 것이라 기대하고 있습니다.

우리나라는 국민참여재판을 시행한 지 얼마 되지 않아 아직 국민들에게 배심원으로서의 의무가 친숙하지 않을 수 있습니다. 학교에서 배운 단편적인 내용 외에는 따로 법을 배울 기회도 없으니까요. 그러나 현대에 와서는 법을 만드는 과정, 법을 실현하는 과정에도 참여하여 자신의 의견을 반영할 수도 있고 잘못된 것들을 고쳐나갈 수 있도록 법도 변신에 변신을 거쳐 왔습니다. 국민들이 법의 객체가 아닌 법의 주체로 활동할 수 있는 많은 방법들이 생기고 있습니다. 그렇기 때문에 교과서에 한정된 법이 아니라 진정한 법의 정신에 대해 고민해볼 기회를 자주 갖는 것이 좋겠지요. 청소년참여법정은 비교적 가벼운 청소년비행사건을 또래 청소년의 눈으로 보면서 준법의식도 키울 수 있고 사법제도에 대해 친밀감을 느낄 수 있는 교육의 기회로 평가받고 있습니다.

한 번 잘못했다고 내치지는 말아주세요

소년사건과 소년보호절차

이제 마지막 주제로 소년사건에 대해 살펴보겠습니다. 오늘날 만 14세 전에는 형벌을 받지 않는다는 것은 상식이 되었습니다. 물론 뒤에 살펴보겠지만 형벌을 받지 않더라도 보호처분을 받을 수는 있습니다. 그렇다면 왜 나이를 이유로 다른 취급을 받을까요? 도대체 법은 소년을 어떻게 바라보고 있는 걸까요?

법이 바라보기에 소년은 환경에 영향받기 쉽지만 반대로 개선될 가능성도 큰 존재입니다. 바로 여기에서 다른 취급이 필요합니다. 그래서 역사적으로 국가가 부모를 대신하여 소년을 보호해야 한다거나(국친사상) 그들에게 개별적 사회화를 통해 사회 복귀를 도모해야 한다(교육사상)고 보기도 했습니다.

소년법은 소년을 3가지 기준으로 분류하고 있습니다. 첫째는 범죄소년, 둘째는 촉법소년, 셋째는 우범소년입니다. **범죄소년**은 만 19세 미만으로 형법에서 규정한 죄를 지은 소년을 말합니다. **촉법소년**은 만 10세 이상 14세 미만으로 형벌 법령에 저촉되는 행위를 했지만 형사미성년자이기 때문에 처벌할 수 없는 소년을 말합니다. **우범소년**은 집단적으로 몰려다니며 주위 사람들에게 불안감을 주거나 정당한 이유 없이 가출을 하거나 술을 마시고 소란을 피우는 등 성격이나 환경이 형법에서 규정한 범죄를 저지를 우려가 있는 소년을 말합니다.

소년법에 따른 소년의 분류	
소년법 제4조(보호의 대상과 송치 및 통고) ① 다음 각 호의 어느 하나에 해당하는 소년은 소년부의 보호사건으로 심리한다.	
1. 죄를 범한 소년	범죄소년
2. 형벌 법령에 저촉되는 행위를 한 10세 이상 14세 미만인 소년	촉법소년

3. 다음 각 목에 해당하는 사유가 있고 그의 성격이나 환경에 비추어 앞으로 형벌 법령에 저촉되는 행위를 할 우려가 있는 10세 이상인 소년 가. 집단적으로 몰려다니며 주위 사람들에게 불안감을 조성하는 성벽(性癖)이 있는 것 나. 정당한 이유 없이 가출하는 것 다. 술을 마시고 소란을 피우거나 유해환경에 접하는 성벽이 있는 것	우범소년

범죄사건이 아닌 기타의 소년비행사건은 경찰서장이 직접 관할소년부에 보낼 수 있지만, 소년범죄사건은 검사가 소년부로 넘길지를 결정합니다. 모든 소년범죄사건이 소년부로 보내지는 것은 아니고 금고 이상의 형에 해당하는 사건은 일반법원에서 형사사건으로 심판합니다.

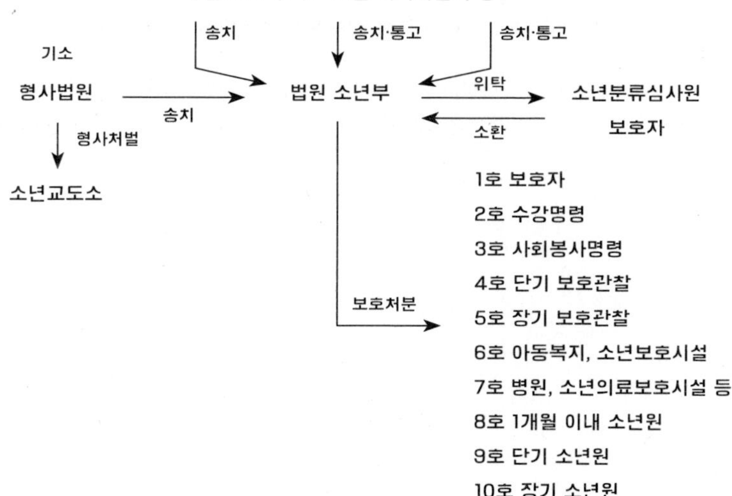

7장 : 국민참여재판과 소년형사절차

이렇게 범죄소년, 촉법소년, 우범소년이 저지른 경미한 범죄에 대해서는 법원의 **소년부**로 보내집니다. 소년부에서는 소년 개인의 특성에 맞추어 엄격한 형벌보다는 다시금 소년이 사회에 적응할 수 있도록 하는 교육이나 재활의 성격을 가진 **보호처분**을 부과합니다. 보호처분은 다음과 같습니다.

보호처분의 종류

① 보호자 또는 보호할 수 있는 자에게 감호 위탁 처분
② 수강명령 처분 (100시간 미만)
③ 사회봉사 처분 (200시간 미만)
④ 단기 보호관찰 1년 처분
⑤ 장기 보호관찰 2년 처분 (1년 연장 가능)
⑥ 6개월 감호 위탁 처분 (아동복지시설이나 그 밖의 소년보호시설)
⑦ 6개월 병원 또는 요양소 치료 처분
⑧ 국가교정시설에 강제수용 처분 (1개월 단기처분)
⑨ 국가교정시설에 6개월 교육 처분
⑩ 국가교정시설에 23세를 초과하지 않는 한도 내에서 2년간 수감시켜 교육

※ 위의 처분 중 국가교정시설이라 함은 소년원을 말합니다.(전국 10개)
소년원은 교육과 재활목적의 보호처분으로 내려지는 것이기 때문에 전과기록이 남지 않습니다.

10대를 위한 재미있는 형법 교과서

정식 형사절차를 밟더라도 소년은 다르게 취급해야 한다!

소년형사절차

　만 14세 이상의 소년이 중한 죄를 지으면 보통의 형사절차를 진행합니다. 물론 그 절차는 성인에 대한 형사사건과는 다릅니다.

　소년을 구속하는 경우에는 특별한 사정이 없으면 다른 피의자나 피고인과 분리하여 수용해야 합니다. 다른 성인 피의자로부터 안전을 보호하고 또 성인 피의자로부터 좋지 않은 영향을 받는 것을 막기 위해서입니다.

　소년의 형사범에 대한 공소가 제기되면 원칙적으로 성인에 대한 공소제기의 경우와 같이 형사소송법에 의하여 공판절차를 진행합니다. 소년부가 아닌 일반법원이라도 필요사항의 조사는 조사관에 위촉하는 조사관제도를 채용하고 있고, 기타 심리나 과형에 있어서 특례를 인정하고 있습니다.

　소년에 대한 형사사건의 심리는 다른 피의자 사건과 관련된 경우에도 심리에 지장이 없으면 그 절차를 분리하여 진행하고 비공개를 원칙으로 합니다.

　소년법 제59조에 따르면, 무기형 이상으로 처벌할 경우에는 15년 형을, 2년 이상의 징역이나 금고에 해당하는 죄를 범한 때에는 단기 3년,

장기 5년처럼 부정기의 형을 선고하도록 되어 있습니다. 그러나 단기형을 3분의 1만 마쳤지만 갱생의 기미가 명백히 보일 때에는 장기에 이르기 전이라도 석방이 가능합니다.

일반교도소와는 독립하여 만 19세 미만의 소년수형자의 징역 또는 금고형의 집행을 위한 곳이 소년교도소입니다. 만 23세가 되면 소년교도소에서 일반교도소로 이감됩니다. 소년교도소는 소년원과도 다른 개념입니다. 소년원에서는 보호처분을 이행하지만 소년교도소에는 형을 선고받아 집행하는 곳입니다. 따라서 소년교도소의 수감은 전과 기록이 되는 것이지요. 소년원에서 보호처분을 받는 기록은 경찰청의 수사 자료로만 남습니다. 현재 소년교도소는 경북 김천에 한 곳이 있고, 나머지는 일반성인교도소 안에서 분리 수용되고 있습니다.

　소년에 대한 사건은 일반형사법원에서 이루어지는 소년형사사건과 가정법원소년부에서 이루어지는 소년보호사건으로 나누어지는 것을 앞에서 살펴보았습니다. 「국민의 형사재판 참여에 관한 법률」에 의하여 소년형사사건에 관하여도 배심재판을 적용할 수 있는 형사재판과는 달리 소년부에서 열리는 심판은 배심제를 채택하고 있지 않습니다. 그러나 일부 유럽국가에서는 소년부심판에서 지역사회 시민이 배심으로 참여하는 재판뿐만 아니라 일반 시민판사가 참여하는 재판제도를 도입하고 있습니다.

　'국민참여재판'은 중범죄를 대상으로 하고 있기 때문에 소년에 대한 보호처분의 가능성은 거의 없지만, 소년부에서 이루어지고 있는 소년보호사건에 일반시민을 참여시키는 배심제나 시민판사제도의 도입은 고려해 볼 수 있습니다. 소년에 대한 시민참여형 재판제도의 필요성과 장단점을 생각해 봅시다.

소년보호사건이 시민참여형식으로 이루어진다면, 배심원들은 자녀를 양육하는 학부모로서 또 선생님으로서 더욱 진지하고 적극적인 자세로 평의에 참여하게 될 것입니다. 또한 형사사건보다 비교적 죄질이 가벼운 소년보호사건에서는 지역사회 배심원의 따뜻한 관심과 배려를 통해 사법절차의 가혹한 낙인으로부터 해당 청소년을 보호할 가능성도 있다고 봅니다.

글쎄요. 그렇게 된다면 소년에 대한 비공개심리원칙이 지켜질 수 없을 텐데요. 방청객과 배심원들 앞에서 노출된 상태로 재판을 진행한다면 소년에게 좋은 영향을 주지 못할 겁니다. 배심재판이라는 것이 보이는 것에 민감하게 반응할 수밖에 없는 형태인데다, 일반 성인 피고인에게도 감정적인 마녀재판이 될 가능성이 있지요. 그리고 이러한 노출은 낙인효과를 가져올 우려가 있어요.

더 넓은
법의 세계를 향하여

지금까지 우리는 '범죄와 형벌'을 중심으로 형법의 세계를 둘러봤습니다. 죄형법정주의라는 형사법의 기본원칙에서 출발하여, 형법총론과 형법각론의 내용을 살펴보고, 형사소송법과 국민참여재판 그리고 소년형사절차 등을 살펴봤습니다. 이것만으로도 형법의 세계가 얼마나 넓은지 알 수 있지요. 형법의 세계에서 미처 살펴보지 못한 영역도 많습니다. 형사정책, 범죄학, 범죄심리학, 과학적 범죄수사, 그리고 피해자학 등의 분야가 그것입니다. 범죄 프로파일링 기법이라든가 깨진 유리창 이론에 대해서도 할 말이 아직 많이 남아 있고, 또 여태 형사소송절차에서 피해자의 법적 지위를 둘러싼 최근의 논의 등 중요한 쟁점들을 더 소개하고 싶은 마음이 굴뚝같기만 합니다. 그러나 너무 많은 정보는 오히려 정신적 소화불량을 야기할 수 있지요. 그래서 아쉽지만 우리 친구들에게 더 많은 것을 알려주고 싶은 마음을 꾹 참기로 했습니다.

서두에서 밝혔듯이, 이 책은 법의 세계 모두를 설명하는 것이 아니라, '범죄와 형벌'을 둘러싼 형법의 영역에 그 범위를 국한하여, 형법의 세계가 어떻게 구성되어 있는지 살펴보았습니다. 형법의 세계를 구

맺음말

석구석 여행한 여러분은 이제 형법의 세계가 딱딱하고 무서운 영역이
아니라, 오히려 우리에게 친근한 영역임을 알 수 있을 겁니다. 형법은
범죄자를 처벌하기 위한 법으로만 존재하는 것이 아니라, 오히려 범죄
자의 인격과 권리를 보호해주는 법이기도 합니다. 형사법적 정의가 무
조건적이고 절대적인 정의 실현이라는 이념을 추구하는 것이 아니라
합리적이고 절차적인 정의를 지키면서 자신의 이념을 실현하고자 함
을 잘 알 수 있습니다.

　이제 여러분은 형사사건과 관련된 법적 문제가 발생했을 때 자신
이 가진 권리와 의무가 무엇인지, 어떠한 절차를 통해 형사사건을 해
결할 수 있는지 분명하게 알게 됨으로써, 자기 자신을 보호하고 또 다
른 사람들의 문제도 해결할 수 있을 겁니다. 무엇보다 자신의 주변에
서 일어나는 다양한 사건들에 대해 무관심한 태도가 아니라 공정하고
합리적인 방식으로 대처할 수 있는 능력을 가지게 된 셈이지요. 그렇
다고 삶의 모든 문제를 형법적 관점으로만 바라봐서는 안 됩니다. 형
법의 세계는 법의 세계에서도 일부분을 이룰 뿐이며, 또 법의 세계도
다른 전체 세계와의 관계 속에서는 또다시 일부분을 구성하고 있을 뿐

10대를 위한 재미있는 형법 교과서

입니다. 균형 잡힌 시각으로 여기에서 습득한 형사법의 사고방식을 견지하는 것이 필요합니다. 변화하는 사회에 대응하면서 형법의 지혜를 잘 활용한다면, 여러분이 이끌 미래의 우리 사회는 억울한 일을 당하는 사람이 없는 훨씬 밝은 사회가 되겠지요. 형법의 세계에 대한 이해를 기초 삼아 다른 법의 세계로 여행에 나서는 용기 있는 여러분의 모습이 눈에 선합니다.

교과연계

초등학교 사회 4-1	**2. 주민 참여와 우리 시, 도의 발전** 1) 우리 시, 도의 살림살이 2) 시, 도 대표는 우리 손으로 3) 우리 시, 도의 문제와 해결 4) 우리 시, 도의 앞날
초등학교 사회 6-2	**1. 우리나라의 민주 정치-나랏일을 맡아 하는 기관들**
중학교 사회 2	**8. 일상생활과 법** 1) 법의 의미와 역할 2) 생활 영역에 따른 법의 분류 3) 재판의 종류와 절차 4) 일상생활 속 분쟁과 해결
고등학교 법과 정치	**1. 민주정치와 법** 1) 정치의 의미와 기능 2) 민주주의의 원리와 유형 3) 민주 정치의 발전 4) 정치권력과 법치주의 **3. 우리나라의 헌법** 1) 우리나라 헌법의 기초 이해 2) 기본권의 보장과 제한 3) 국가 기관의 구성과 기능 **4. 개인 생활과 법** 1) 민법의 기초 이해 2) 계약과 불법 행위

10대를 위한 재미있는 형법 교과서

고등학교 사회	3) 개인 간의 분쟁 해결 4) 생활 속의 법 **5. 사회생활과 법** 1) 범죄의 성립과 형사 절차 2) 법치 행정과 행정 구제 3) 청소년의 권리와 학교생활 4) 소비자의 권리와 법 5) 근로자의 권리와 법
	6. 사회 변동과 문화 1) 현대 사회의 변동과 갈등 2) 문화 변동의 양상과 갈등 해결 3) 미래 사회의 변동과 사회 문제 **7. 인권 및 사회 정의와 법** 1) 인권 보장과 법의 역할 2) 법적 구제와 법의식의 함양 3) 인권 및 사회 정의의 문제와 해결
고등학교 윤리와 사상	**4. 사회사상** 1) 자유주의와 공동체주의 2) 민본주의와 민주주의

교과연계

참고문헌

제1장
— 김성돈, 「형법총론」, 성균관대학교
출판부, 2009.
— 김일수/서보학, 「형법총론」, 박영사,
2006.
— 심재우, "죄형법정주의의 현대적
의의", 「형사정책연구」 제18권 제3호,
한국형사정책연구원, 2007, 1~14쪽.
— 오영근, 「형법총론」, 박영사, 2012.
— 이재상, 「형법총론」, 박영사, 2006.
— 이상돈, 「헌법재판과 형법정책」,
고려대학교 출판부, 2005.

제2장
— 김성돈, 「형법총론」, 성균관대학교
출판부, 2009.
— 김일수/서보학, 「형법총론」, 박영사,
2006.
— 에릭 힐겐도르프(홍기수 · 홍무원
역/박상기 감수), 「독일법의 기초」,
한국형사정책연구원, 2010.

— 오영근, 「형법총론」, 박영사, 2012.
— 이재상, 「형법총론」, 박영사, 2006.

제3장
— 김성돈, 「형법총론」, 성균관대학교
출판부, 2009.
— 김일수/서보학, 「형법총론」, 박영사,
2006.
— 김재윤, "현대산업사회에 있어
과실범의 재조명", 「형사정책」 제21권
제2호, 한국형사정책학회, 2009,
347~368쪽.
— 오영근, 「형법총론」, 박영사, 2012.
— 이재상, 「형법총론」, 박영사, 2006.

제4장
— 김일수/서보학, 「형법각론」, 박영사,
2007.
— 배종대, 「형법각론」, 홍문사, 2011.
— 이상돈, "법익보호원칙 –
근대형법의 신화인가 이성인가",

「형사정책연구」제17호,
한국형사정책연구원, 1994,
173~214쪽.
— 이재상,「형법각론」, 박영사, 2006.

제5장
— 귄터 야콥스(신양균 역),
"시민형법과 적대형법",
「법학연구」통권 제29집, 전북대학교
법학연구원, 2009, 361~378쪽.
— 금태섭,「확신의 함정」, 한겨레출판,
2011.
— 김일수, "보호감호 처분의 재도입
및 보안처분 제도의 형법 편입",
「고려법학」제58권, 고려대학교
법학연구원, 2010, 355~394쪽.
— 한인섭/이호중/허일태/이덕인/
이상원/최정학,「형법개정안과 인권」,
경인문화사, 2011.

제6장
— 민주사회를 위한 변호사모임,
「쫄지마 형사절차」, 사람생각, 2009.
— 법원행정처,「새로운 형사재판의
이해」, 2007.
— 사법발전재단,「재판의 모습, 재판의
상식」, 2009.
— 이재상,「형사소송법」, 박영사, 2012.

제7장
— 박상기 · 손동권 · 이순래,
「형사정책」, 한국형사정책연구원,
2012.
— 배종대,「형사정책」, 홍문사, 2011.
— 법원행정처,「국민참여재판의 이해」,
2007.
— 사법발전재단,「재판의 모습, 재판의
상식」, 2009.
— 한국소년법학회,「소년법」,
세창출판사, 2006.

다른 청소년 교양 2

10대를 위한 재미있는 형법 교과서

초판 1쇄   2013년 10월 21일
초판 7쇄   2024년 6월 14일

지은이   서윤호, 오혜진, 최정호

펴낸이   김한청
기획편집   원경은 차언조 양선화 양희우 유자영
마케팅   정원식 이진범
디자인   이성아
운영   설채린

펴낸곳 도서출판 다른
출판등록 2004년 9월 2일 제2013-000194호
주소 서울시 마포구 동교로 27길 3-10 희경빌딩 4층
전화 02-3143-6478   **팩스** 02-3143-6479   **이메일** khc15968@hanmail.net
블로그 blog.naver.com/darun_pub   **인스타그램** @darunpublishers

ISBN 978-89-92711-89-0 44360
          978-89-92711-87-6 (SET)

* 잘못 만들어진 책은 구입하신 곳에서 바꿔 드립니다.
* 이 책은 저작권법에 의해 보호를 받는 저작물이므로, 서면을 통한 출판권자의
  허락 없이 내용의 전부 또는 일부를 사용할 수 없습니다.

다른 생각이
다른 세상을 만듭니다